JLA
図書館実践シリーズ ················· 35

はじめての
電子ジャーナル
管理

改訂版

保坂　睦 著

Japan Library Association

日本図書館協会

Basic Guide to Electronic Journals Management
Revised Edition

（JLA Monograph Series for Library Practitioners ; 35）

はじめての電子ジャーナル管理 / 保坂睦著
改訂版
東京 : 日本図書館協会, 2023
x, 250 p ; 19 cm
（JLA 図書館実践シリーズ ; 35）
ISBN 978-4-8204-2300-3

機器種別 : 機器不用
キャリア種別 : 冊子
表現種別 : テキスト
表現形の言語 : 日本語
著作の優先タイトル : はじめての電子ジャーナル管理 || ハジメテ ノ
デンシジャーナル カンリ
創作者 : 保坂, 睦 || ホサカ, ムツミ
BSH4 : 電子ジャーナル
NDC10 : 014.75

はじめに

　大学図書館が資料として所蔵する雑誌類は，そのほとんどが「学術雑誌」です。学術雑誌とは，「狭義には，査読制度を採用し，独創性のある最新の研究成果を伝える投稿論文を掲載する雑誌。広義には，学術的な内容の記事を掲載する雑誌」とされます[1]。すなわち，さまざまな研究分野に関する専門の論文が，専門家のレビューを経たうえで掲載され，定期的に刊行される出版物のことを指します。学術雑誌は従来，冊子（紙媒体）のかたちで刊行されていましたが，2000 年代に入って以降徐々に電子化され，PDF ファイルの形式やウェブサイト上で論文を読むことができる形態の「電子ジャーナル」として刊行されることが多くなりました。電子ジャーナルは，物理的に手にとれる"かたち"では存在していません。かたちのない電子ジャーナルがおびただしく存在する中で，そこから必要なタイトルを選び，大学図書館でうまく管理し，利用者の研究や学習に役立つよう便利に使ってもらうためには，どうしたらいいのでしょうか？

　この本が想定する読者は，はじめて「電子ジャーナル」を扱うことになった，大学図書館に勤務するスタッフのみなさんです。大学図書館のみならず，類似機関でこうした業務を行うみなさんにも参考にしていただけるかもしれません。この本の大きな目的は，電子ジャーナルの管理に関する基本的な知識を得てもらうことと，業務の流れを知ることで，その全体像をつか

んでもらえるようになることです。しかし，実際の業務や作業
は，個々の大学や機関の事情に大きく左右されてしまうため，
記載にあるとおりの流れや例示だけでは，カバーしきれない部
分がどうしてもでてきてしまいます。より詳細な情報が必要に
なったときには，それぞれの項目に沿った参考文献などを参照
してください。

　なお，この本が扱う主な対象は，「海外で刊行される電子ジャ
ーナル」と，それらを扱う際に巻き起こるさまざまなできごと
や事象です。データベースや電子ブックといった，いわゆる「電
子リソース」全般の扱いについては触れていません。また，日
本で刊行される電子ジャーナルについては，主要なトピックと
していません。ただし，それらについても応用的に考えること
は可能です。

　この本が，大学図書館で電子ジャーナルを扱う前の，準備体
操のような存在となれば幸いです。

　2017 年 5 月

保坂　睦

注
1)『図書館情報学用語辞典　第 4 版』丸善，2013. p. 32.

改訂版によせて

　大学における電子ジャーナル購読の基礎を解説するという基本スタンスは変えずに，2023 年 3 月までの情報に基づいて加筆・修正し，必要な部分に補記を行いました。

2023 年 3 月

保坂　睦

用語の使い方：
・「電子ジャーナル」と「タイトル」

　学術雑誌を電子化したものを「電子ジャーナル」と総称し，個々の雑誌については「タイトル」として表現しています。英語の場合，「電子ジャーナル」は Electronic Journal（EJ），または Online Journal（OJ）と表現されます。

・「利用者」

　主に大学に所属する教員，研究者，大学院生，学部生などを指していますが，特定の状況下では，大学図書館の許可を得て入館した一般利用者や卒業生を含むこともあります。

目次

目次

第 **I** 部

基礎編
電子ジャーナルを扱うための
前提と基礎知識

大学図書館に勤めているからといって，すべての人が「学術雑誌」（冊子，電子を問わず）を扱ったことがあるとは限りません。勤務している部署や仕事内容によっては，「まったく触れる機会がない」ということもたくさんあると思います。もしかしたら，学生時代に論文執筆やレポート作成のために学術雑誌を利用した記憶があるかもしれませんが，社会人となって仕事を開始してからは，そうした資料を手にとる機会が少なくなっていたことでしょう。しかし今後，いやおうなしに扱わざるを得ない状況に置かれてしまうとなると，そうも言ってはいられません。そこで，第Ⅰ部ではまず利用者と図書館にとっての学術雑誌とその形態について，そして大学図書館が電子ジャーナルを扱っていくうえで有用な前提知識について，説明します。

図1　電子ジャーナルの表紙画面と，同号の冊子表紙（Science の例）

1章 大学図書館と学術雑誌

　大学図書館の利用者（主として教職員，大学院生，学部生）は，どのようにして学術雑誌を使っているのでしょうか。また，大学図書館は学術雑誌をどのように扱っているのでしょうか。

1.1 大学と学術雑誌

　大学とは，「学問」を行う場所であり，なんらかの形で「学問」の成果を生産します。教員が図書や研究論文，学生が博士論文や修士論文，卒業論文などを作成するためには，単に自分のアイデアや仮説を文章にするだけでは不十分です。その研究分野における過去からの積み重ね（先行研究）を参照しながら，また現在の研究動向などを概観しながら，自らの研究に「オリジナリティ」を持たせて執筆や制作を進めていかなければなりません。その際に必要なのは，過去に発表された学術論文や，図書，報告資料といった文献類です。

　大学図書館は，おおまかにいえば「必要な文献を収集し，大学の所属者がそれらをいつでも快適に利用できる環境を整えて，その大学における研究・教育活動を支援する」というミッションを持っています。そのため，学内で行われている研究や教育に必要な文献や資料を収集して，利用者に提供するという業務を行っています。

そのような文献のひとつである学術雑誌は，現在継続刊行されているものだけでも全世界で14万件以上のタイトルがあるといわれています[1]。学術雑誌の刊行母体は，学会，非営利の学術／業界団体，大学，商業出版社とさまざまです。投稿された論文は，その分野の専門家が「この雑誌に載せていいものかどうか」を査定します。これを「査読」（ピア・レビュー：peer review）と呼びます。査読が行われない学術雑誌もありますが，学術的な価値はあまり高く見出されません。ただし査読の有無にかかわらず，特定の学会や業界の話題・ニュースをダイジェスト的に掲載する有用な雑誌も存在します。

　では，大学図書館において学術雑誌を扱う場合，教員や学生が利用するまでの流れはどのようになっているのでしょうか？　学術雑誌の刊行形態には，紙に印刷された「冊子」と，インターネットを介してアクセスする「電子ジャーナル」の2種類があります。冊子と電子ジャーナル，それぞれの場合をみてみましょう。

1.2 冊子の場合：購読から利用まで

　たとえば教員や学生から，「研究のために，Aという雑誌を利用したい」という希望が出たとします。図書館はそのタイトルの刊行元を確認し，その内容や学術的な評価，刊行頻度・刊行形態，価格などを調査してから，図書館で新たに受け入れるべきかどうかを判断します。

　そのタイトルを冊子で新たに受け入れることにした場合は，提供元（あるいは代理店）と年単位で契約を行うことにより，

そのタイトルが定期的に図書館に届きます。これが，タイトルを購読するということです。

　図書館は，送付された冊子を毎号受け入れて（これをチェックインと呼んでいます），自館のデータベースに登録し，決められた書架に配架します。通常は，そのタイトルが大学の研究に必要であると判断されている限り，継続的に購読します。受け入れた号の冊数がたまってくると，何冊かを束ねて製本するという作業も発生します。

図2　冊子の流れ

　利用者は，自分の読みたい論文が掲載されているタイトルとその巻号が図書館に所蔵されているかどうかを蔵書検索システム（OPAC）で調べます。所蔵していることが確認できたら，配架されている場所に行き，必要な論文をコピー機で複写します。その際，書誌情報（その論文のタイトルと著者名，掲載雑誌名，巻号，ページ，刊行年月などの情報）もきちんと書き留めて整理し，後から確認できるようにしておきます。

1.3　電子ジャーナルの場合：購読から利用まで

　電子ジャーナルの場合も，教員や学生から希望が出てから

購読するまでの流れは冊子と同じです。しかしその後，図書館で行う作業や利用者の使い方は異なります。電子ジャーナルを購読契約しても，冊子のように刊行された号が手に取れる形で図書館に届くわけではありません。そのため，タイトルにアクセスするための URL などを掲載したリストをつくり，公開するなどの作業が必要となります。冊子と同様に，OPAC で検索して探せる場合もあります。

図3　電子ジャーナルを PC で閲覧

　一方で利用者は，「電子ジャーナル」を使うために必ずしも図書館に行く必要はありません。条件が整い，学内のネットワークにアクセスできるデバイス（PC やタブレットなど）がありさえすれば，教室，研究室，食堂といったキャンパス内だけでなく，自宅からでも好きな時間に論文を読むことができます。目次を眺めたり，そのタイトルに掲載されている過去論文をキーワードで検索したり，参考文献リストのリンクから他の論文へ移動してみたり，必要な部分を好きな領域（自分の PC やクラウドスペースなど）に保存したりといったことも可能です。文献管理ツールを利用すれば，自動的に書誌

日本図書館協会　出版案内

JLA Bookletは、図書館とその周辺領域にかかわる講演・セミナーの記録、話題のトピックの解説をハンディな形にまとめ、読みやすいブックレット形式にしたシリーズです。

図書館の実務に役立ち、さらに図書館をより深く理解する導入部にもなるものとして企画しています。

JLA Bookletをはじめ、協会出版物は、こちらからお買い求めいただけます。また、お近くの書店、大学生協等を通じてもご購入できます。

二次元バーコード

お問い合わせ先
公益社団法人
日本図書館協会　出版部販売係
〒104-0033
東京都中央区新川１−１１−１４
TEL：03-3523-0812（販売直通）
FAX：03-3523-0842 E-mail：hanbai@jla.or.jp

---

no.2 読みたいのに読めない君へ 届けマルチメディアDAISY

保護者、DAISYライブラリー立ち上げにかかわる図書館員、DAISYブックレットを用いたみやすい認識のしやすさ、ディスレクシアやマルチメディアDAISY製作者のそれぞれの「読みとやすさ」が高いUDフォントを使い、まとめた一冊で読み目で視認性の高いUDフォントを使用

ISBN 978
4-8204-1809-2

no.1 学校司書のいる図書館に いま、期待すること

木下通子著『読みたい心に火をつけろ！』〈岩波ジュニア新書〉の出版記念トークセッションの記録。学校図書館関係者の読書や未来について未来ない方々にも必ず見でもあがることの大切さを語りあがった内容を収録した。学校図書館関係者必見。図書館学

ISBN 978
4-8204-1711-8

2018年に大阪と東京で開催した、「図書館の自由」委員会の成立と、塩見昇氏の著書『図書館の自由...

no.19	no.18	no.17	no.16	no.15	no.1□
図書館員はなぜ本を紹介するのか Live! おすすめ本 リマスター版	図書館員が知りたい著作権80問	戦時下検閲と図書館の対応	図書館のマンガを研究する	「図書館員のための「やさしい日本語」	新著作権制度と実務

no.19
図書館員はなぜ本を紹介するのか Live! おすすめ本 リマスター版

図書館員が本を紹介することの意味、その仕事が図書館を越えて、出版の世界、広く読者へ届くためにできることなど、これからの図書館と出版を考えるために必読書です。

ISBN 978
4-8204-2404-8

no.18
図書館員が知りたい著作権80問

図書館現場から寄せられた質問を基に、著作権・図書館Q&A形式で平易に解説します。実際に解説などをさせまざまな館サービスの、悩んだときに役立つ一冊「作・者等々」をとっ著者・図出版者等としどころ」。

ISBN 978
4-8204-2405-5

no.17
戦時下検閲と図書館の対応

第109回全国図書館大会分科会「戦争と図書館」の講演録。太平洋戦争中の思想統制、図書館への提供抵抗の自由をテーマとする図3書館への講演弾方を圧収録。資料提供のあり方を考えるとき、ぜひ手にしたい一冊です。

ISBN 978
4-8204-2403-1

no.16
図書館のマンガを研究する

「海外図書館の大規模所蔵調査に基づく日本文化としてのマンガ受容の研究」の成果を踏ましてたマンガという特有性の講演録。必要を知る一冊。今後に言及されており、図書館における、マンガという資料必。

ISBN 978
4-8204-2311-9

no.15
「図書館員のための「やさしい日本語」

外国人の状況や役割、実践的な「やさしい日本語」の使い方について詳しく、説明的な図書館にとっても役立つツールを教えてくれる大切なサービスを広く伝える一冊い利。

ISBN 978
4-8204-2306-5

no.1□
新著作権制度と実務

件とされています。より多くの国民の知のアクセス」の「国民の知のアクセス」の向上特定図書館等の必携の一の図現在、期待に応えることが求められている一冊です。

ISBN 978
4-8204-2306□

no. 13	no. 12	no. 11	no. 10	no. 9
図書館資料の保存と修理 その基本的な考え方と手法	非正規雇用職員セミナー「図書館で働く女性非正規雇用職員」講演録	学校図書館とマンガ	図書館の使命を問う 図書館法の原点から図書館振興を考える	現代日本図書館年表 1945〜2020
日図協資料保存委員会長年資料保存委員会であり、東京都立中央図書館等公衆送信サービスを行うための「特定図書館」等となることについて手等に携わった著者が、豊富な研修で培ったコンパクトな実践の書であり内容を確認できる実践の書。	公共図書館で働く非正規女性非正規雇用職員の問題を取り上げたセミナーの記録。講演や参加者職員の意見交換やあり方を課題に焦点を当てながら、一歩一歩の図書館サービスと職員のあり方を考える大きなきっかけとなる書です。	「学校図書館にマンガ導入」するマンガがなぜマンガ導入が必要か〈理論編〉、その意義をぜひひもといて学校図書館でもにマンガの評価されている一冊でるマンガを通して学校図書館蔵書に、と訴える海外書学校図書館蔵書館も。	塩見昇氏と山口源治郎氏が図書館法制定70周年記念の第106回全国図書館大会における対談に必備の略一年表記と図版書館法を考えるときに示し必要な講演記録と図版も書る。2020年11月第106回全国図書館大会図書館法制定	1945年の太平洋戦争終結から2020年までの日本国内の図書館に関する出来事や動きを簡潔にまとめた一年一冊表で評価し。将来書館に向けた成長構想や模索につなげる知の現在を俯瞰に役立つ分け立つための内容で評価。
ISBN 978 4-8204-2218-1	ISBN 978 4-8204-2209-9	ISBN 978 4-8204-2208-2	ISBN 978 4-8204-2206-8	ISBN 978 4-8204-2114-6

JLA Booklet 既刊19冊 好評発売

no.8	no.7	no.6	no.5	no.4	no.
やってみよう資料保存	「公立図書館の所管問題を考える」講演録	水濡れから図書館資料を救おう！	図書館システムのデータ移行問題検討会報告書	「法的視点から見た図書館と指定管理者制度の諸問題」講演録	図書館の自由に関する宣言1979年改訂のころ
資料保存は図書館にとって大切な日常業務。資料の取り扱いやすり傷、カビといった被害対策、基本的な利用対策に取り組むための入門書。災害時の対処法などと図書館資料保存ことから資料保存のすすめ。これ一冊で対策基本がわかる。	公立図書館の所管が首長部局に移管されることに伴い、2019年3月開催のセミナー政策講演録。公立図書館の役割運営や社会教育施設の政策的意義や重要性を考察する一冊。指定管理・委託も論議。教育委員会による公立図書館の	「水濡れ」の厄災から貴重な資料源をどう大規模災害時の対応を関わる人々にとっての「事前」に重要な性格となる一冊。管理前の高田市立図書館の事例も詳しく紹介。解説。	新システムへのデータ移行において出力データにおいて2018年12月17日に行われたルー学習会の記録やシステム変更に伴うパスワードの現状と課題をシステム移行の現状と課題を解説。	指定管理者制度の諸問題を法的視点から解説。図書館専門職員や家族の視点から制度導入要件や検証を指定管理者制度に関わる全ての人に必読の書。法律と家族の	宣言」改訂に直接関わられた方の貴重な証言と現場の雰囲気などがよく伝わってくる一冊。「改訂宣言」に出版記念講演会の講演録。自
ISBN 978 4-8204-2109-2	ISBN 978 4-8204-2007-1	ISBN 978 4-8204-1907-5	ISBN 978 4-8204-1905-1	ISBN 978 4-8204-1812-2	ISBN 978 4-8204-1810

データを取得し，アクセス先の URL 情報や，PDF ファイル
を保存することができます。場合によっては，研究仲間との
情報共有までがさくさくと進みます。

　冊子・電子どちらの刊行形態であれ，学術雑誌に掲載され
た論文は，研究者や学生が執筆した図書や論文の中で先行研
究として紹介されたり，脚注や参考文献リストに掲載された
りすることで，再び他の利用者の目にふれて，再利用されて
いきます。ある論文がどのタイトルのどの巻号の何ページに
掲載されているのかといった情報は，こうした参考文献リス
トのほかにも，論文情報データベース[2]や Google などの検索
エンジンを利用して調べることが可能です。大学図書館では，
「データベースを利用した論文の探し方」や，「読みたい論文
を探す方法」について，利用者にレクチャーするといったこ
とも行っています。

　このように，図書館が契約／購読する学術雑誌は，大学に
おける研究・教育活動には欠かせない資料であり，大学図書
館を構成する重要な要素のひとつだといえるでしょう。次の
章では，さらに冊子と電子の相違をみていきます。

注

1) Ulrichsweb.com を参照（2023 年 2 月時点）。
2) 論文を探すデータベースの例としては，日本語論文であれば「CiNii
　 Research」（総合），「医中誌 Web」（医学・医療），外国語論文であれば「PubMed」
　 （医学・医療）や，「EconLit」（経済学）などがあります。データベース全般
　 については，コラム b を参照。

2章 「冊子」と「電子」は, どう違う?

　冊子の雑誌と, オンライン上のコンテンツである電子ジャーナルには, 物理的な存在かそうでないかの違いがあります。しかし同じタイトルであるならば, その収録内容はほぼ同一です。学術雑誌の中心となる原著論文や研究報告, 既刊書のレビュー記事などは必ず掲載されています。ただしタイトルの編集方針によっては, 冊子には載っている一部の内容を電子ジャーナルには載せていない, あるいは逆のケースなどがあります。その他, 電子ジャーナルには, 次号に正式掲載される予定の論文が, "Article in Press"や"Just Accepted", "Early View"などという形で刊行前に早期公開されることがあります。現在では, そもそも冊子を刊行せずに電子ジャーナルのみで刊行するというタイトルも存在しています。

　冊子の場合は, 大学図書館が契約（購入）して受け入れることで, 利用者がそのタイトルを手に取ることができます。電子ジャーナルの場合も, 大学図書館がオンラインによる購読を契約することで, 利用者がそのタイトルへアクセスすることが可能になります。この場合, 物理的な冊子を購入・所有するのとは異なり, あくまでも「電子ジャーナルにアクセスする権利を一定期間確保する」という考え方に移ることが前提となります。そして昨今は, オープンアクセス（Open Access: OA）という, 契約をしなくてもアクセスできる形態の電子ジャーナルや論文が増えています（コラム a を参照）。

ここでは，電子ジャーナルが持つメリットとデメリットを，利用者側と管理者側の両側面から確認してみます。

2.1 利用者にとってのメリット

　利用者が電子ジャーナルを使うときのメリットは，主に以下の点であると考えられます。

(1)　オンラインでアクセスできる環境があれば，必要なときに「いつでも，どこからでも，すぐに」タイトルに掲載されている論文全文を読むことができる。冊子の場合は，図書館まで行く必要がある。

(2)　発行後，すぐに利用できる。冊子の場合は，図書館で利用できるようになるまでに日数がかかる。

(3)　他の人が利用していても，（契約条件によるが）同時に利用できる。冊子の場合は，他の人が使っていると使うことができない。

(4)　リンクにより，すぐに引用文献を参照したり，関連する動画などを容易に利用したりできる。冊子の場合はそうした機能がなく，ひと手間かかる。

(5)　PC などのデバイス上におけるファイルの扱いや，文献管理ソフトへのデータ取り込みが楽。冊子の場合は，論文のコピーや，書誌データの作成に手間がかかる。

(6)　キーワードや著者名で，複数のタイトルや論文全体を横断的に検索することができる。冊子の場合は，必要な情報を目で直接探すしかない。

なかでも(1)および(2)の「場所を選ばない即時性」は，最も大きな利点といえるでしょう。ただし，「どこからでも」の部分には，利用者自身に「リモートアクセス」ができる権限があるかどうか，などの制限がつきます（Ⅱ部4.2を参照）。

2.2 利用者にとってのデメリット

　それに対して，電子ジャーナルを使うときのデメリットとしては，主に以下の点が考えられます。

(1)　PCやタブレットなどのデバイスがないと利用できない。プリントアウトしたい場合はプリンターが必要。
(2)　大学や機関の所属者としてネットワーク認証を行わないと，利用できない。卒業したり，退職したりすると利用できなくなる（あるいは，しにくくなる）。
(3)　大学／自宅のネットワークや提供元のサーバがトラブルに見舞われたり，メンテナンスを行ったりするときには利用できない。
(4)　「必要箇所に線を引く」，「しおりを付ける」といった作業が，手軽にできにくい（2023年現在，PDFなど利用フォーマットによっては手軽に作業できる環境になりつつある）。
(5)　一度に複数の論文を参照しにくい。

2.3 図書館スタッフ（管理者）にとってのメリット

　図書館のスタッフが電子ジャーナルを管理・運用するときのメリットは，主に以下の点であると考えられます。

(1)　場所をとらない。冊数が増えない。
(2)　受け入れや装備の作業が不要。
(3)　欠号が発生しないため，欠号管理が不要。
(4)　破損や紛失が発生しない。製本の必要もない。
(5)　利用統計が取得できる。

　図書館における大問題のひとつである「書架狭隘化」を解決するうえで，(1)は有力な手段となります。また，冊子では見えにくかった「利用頻度」が明確になるため，購読タイトルの見直し材料として活用することができます。

2.4 図書館スタッフ（管理者）にとってのデメリット

　それに対して，図書館のスタッフが電子ジャーナルを管理・運用するときのデメリットとしては，主に以下の点が考えられます。

(1)　価格体系，販売形態が複雑。
(2)　利用してもらうためには，各種の設定や広報が必要。
(3)　トラブル発生時には，しかるべき対応が必要。その原因がどこにあるのか，見きわめが難しい。
(4)　利用条件が複雑。
(5)　利用し続ける限り，永遠にメンテナンスし続けなければならない。

　これらの点は，そのまま図書館による電子ジャーナル管理の難しさに直結しています。

「学術雑誌」の存在とその利用のされ方，刊行形態による特色の違いがだいたい把握できてきたところで，基本的な知識の解説に進みます。

コラム a

オープンアクセス

　オープンアクセス（Open Access: OA）とは，インターネット上に電子的に存在する論文を，無料で，かつ，著作権や使用権の制約を受けずに利用できることと定義できます[1]。論文をオープンアクセスにすることにより，世界中から，誰でも，インターネットを介して無料でアクセスすることが可能になります。多くの研究者の目に触れることで，論文が引用される可能性も高まります。一方で，購読することで読むことができる形態を，オープンアクセスに対比して「ペイウォール（paywall：購読料の壁）」と表すことがあります。

　オープンアクセスを実現する手段は，大きく分けて以下の2種類です。

1. グリーン・ロード（グリーン OA：セルフアーカイブ）
　学術雑誌に掲載された論文を，機関リポジトリ[2]や主題／地域別のプレプリント／アーカイブサーバ[3]，著者のウェブサイトなどに，セルフアーカイブ（著者自身，または図書館員などが代行して登録）し，無料で公開する方式です。
　雑誌によっては，雑誌の発行後，セルフアーカイブできるまでの期間に条件を設けている場合があります。また，どの段階の論文をセルフアーカイブできるかも，出版社によって条件が異なり，査読前の論文（プレプリント）と査読後の論文（ポストプリント）の両方を認めている出版社もあれば，どちらかしか認めていない出版社もあります。

2. ゴールド・ロード（ゴールド OA：オープンアクセス雑誌）
　電子ジャーナルの刊行にかかる費用を，従来のように雑誌購読料で回収するのではなく，著者が支払うことで回収し，オープンアクセスにする方式です。著者が負担する費用を，APC（Article Processing Charge）と呼んでいます。

さらに上記2つ以外にも，「ダイヤモンド／プラチナOA」（広義ではゴールドの一種；購読機関や著者ではなく，助成金などで出版費用を賄う），「ブロンズOA」（ゴールドには該当しないが出版社サイトで閲覧可，利用条件が曖昧）などの形態が存在しています。

　オープンアクセス雑誌をさらに分類すると，以下の2種類があります。
1. フルオープンアクセス誌：掲載されたすべての論文がオープンアクセスになる。
2. ハイブリッド誌：購読料を支払う雑誌に掲載されるが，著者がAPCを支払うことによって自分の論文をオープンアクセスにすることを選択できる。

　海外では近年，公的資金による研究成果のオープンアクセス化を義務づける動きが大きくなり，特に欧米諸国では急速に進んでいます[4]。日本でも各大学がオープンアクセス方針の制定を進めているといった背景により，オープンアクセス論文が増加しつつあります。さらに，従来図書館が出版社などに支払ってきた購読料をAPCに転換することによってオープンアクセスを実現するという，学術雑誌出版の新たな費用負担モデルが出現しました。これは転換契約（Transformative Agreement: TA）と呼ばれています。転換契約にもいくつか種類がありますが，2023年現在主流なのは，購読（Read）と出版（Publish）を一括して扱う「R&P契約」と呼ばれるものです。所属する研究者による論文生産量と購読契約の状況によって，機関全体としての経費を抑えることができる場合があり，研究を重視する機関に受け入れられやすく，今後のオープンアクセス化を推進するとして，従来型の購読契約から移行する機関が増加しつつあります。
　しかしオープンアクセスが普及していくにつれて，新たな問題も出てきてしまいました。具体的には，購読料と同様にAPCが高騰していく傾向や，粗悪なタイトル（predatory journal，いわゆる「ハゲタカジャーナル」）[5]の出現，購読料とAPCが重複して出版社側に支払われてしまう懸念（ダブルディッピング），などがあげられます。学術情報の正しい（本来あるべき形での）流通を阻害するこれらの要素を，いかに克服していくのかが，今後の課題となっています。

注

1) Peter Suber. "A Very Brief Introduction to Open Access."（https://scholarworks. wmich.edu/digital_research_skills/7/）による。他の定義では，オープンアクセスの対象は査読された学術雑誌論文に限る，としている場合もあります（Budapest Open Access Initiative：BOAI. https://www.budapestopenaccessinitiative. org/）。

2) 学術機関リポジトリ構築連携支援事業（https://www.nii.ac.jp/irp/）によれば，「機関リポジトリ」は，「大学とその構成員が創造したデジタル資料の管理や発信を行うために，大学がそのコミュニティの構成員に提供する一連のサービス」と定義されています。

3) 主題別のプレプリントサーバとしては物理学分野の「arXiv」，ライフサイエンス分野の「bioRxiv」など，地域別のプレプリントサーバとしては日本の「Jxiv」，査読済み論文のアーカイブサーバとしては生物医学／生命科学分野の「PMC」などが有名です。

4) 公的資金による OA 化の動きとしては，アメリカ国立衛生研究所（NIH）による助成成果の公開義務化（2007），アメリカ政府による即時公開を求める覚書の発表（2022）やヨーロッパ中心のコンソーシアム cOAlition S による Plan S（2018）があげられます。

「E712–NIH のパブリックアクセス方針に関する法案，議会で可決（米国）」『カレントアウェアネス-E』no. 116, 2007. 10. 31.

https://current.ndl.go.jp/e712

林豊 "Plan S：原則と運用"『情報の科学と技術』vol. 69, no. 2, 2019. p. 89–93.

「E2564–米国・OSTP による研究成果公開に関する政策方針について」『カレントアウェアネス-E』no. 449, 2022. 12. 22.

https://current.ndl.go.jp/e2564 Plan S

https://www.coalition-s.org/

5) 研究者が，APC の収益を目的とする（と考えられる）品質の悪いタイトルに論文を投稿することによって起こる諸問題については以下などを参照。

千葉浩之 "CA1960-ハゲタカジャーナル問題：大学図書館員の視点から"
『カレントアウェアネス』no. 341, 2019. 9. 20.

https://current.ndl.go.jp/ca1960

大平司 "E2542-IAP によるハゲタカジャーナル・学会についての調査報告
書" 『カレントアウェアネス-E』no. 444, 2022. 9. 29.

https://current.ndl.go.jp/e2542

3章 契約前に知っておくべきこと

　この章では，はじめて「電子ジャーナルの管理」を行うにあたって，必要と考えられる用語や知識について説明します。実際に経験してはじめて実感・認識できる知識もあると思いますので，まずは読み流して，あとから立ち返ってみるというのもよいでしょう。第Ⅱ部のトピック内で詳しく説明しているものもあります。まずは，電子ジャーナルを購読契約する前に前提として知っておくべきこと——契約先，契約の種類，価格体系——について解説します。

3.1 契約先（提供元）の種類

　購読契約を行う際に，大学図書館が契約する先は，電子ジャーナルを提供する各種の団体・組織です。この本の中では，学術雑誌を刊行している／していないにかかわらず，電子ジャーナルを供給する母体のことをまとめて「提供元」と表現しています。電子リソース全般を扱う図書館コンソーシアム（コラム d を参照）などでは「版元」と表現されることもあります。
　ここでは，5種類の提供元について簡単に説明します。

(1)　出版社
　本や雑誌類を刊行する民間の営利企業です。「商業出版社」

ともいわれます。学術的な書籍や雑誌類を扱う出版社は「学術出版社」と呼ばれることもあります。規模は小から大までいろいろですが，電子ジャーナルを扱っている規模の大きな海外出版社の例は，「Elsevier」（エルゼビア），「John Wiley & Sons」（ワイリー），「Springer Nature」（シュプリンガー・ネイチャー），「Taylor & Francis」（テイラー & フランシス），「SAGE Publications」（セイジ）などです。

(2)　大学出版会

　出版を行う大学の関連組織で，完全な営利企業ではありませんが，大学会計からは独立していることが多く，多少の利益追求は行っているようです。海外における有名な大学出版会の例は，「Oxford University Press（OUP）」，「Cambridge University Press（CUP）」，「University of Chicago Press」，「MIT Press」，「University of California Press」などです。アメリカでは大学図書館内に大学の出版部門を統合している例（「University of Michigan Press」など）もあります。

(3)　学協会，学術団体

　いわゆる「学会」や「協会」，「学術研究機関」，「研究所」などの団体・機関を指します。こうした団体・機関では，会員や研究員が執筆した記事を会員に読んでもらうために「学会誌」や「機関誌」といった雑誌を多く刊行し，頒布または販売しています。また，そうした雑誌を冊子や電子ジャーナルの形で，大学などの図書館にも提供しています。基本的に非営利ですが，出版部門を独立採算制としているケースもあります。海外で電子ジャーナルを独自提供している有名学協会

の例には，「American Chemical Society（ACS）」，「American Psychological Association（APA）」，「American Association for the Advancement of Science（AAAS）」，「IEEE」，「Royal Society of Chemistry（RSC）」などがあります。

　上記(1)〜(3)に当てはまる出版社・団体のうち，規模の大きなところでは，営利／非営利を問わず，独自に電子ジャーナルのパッケージ商品やデータベースなどを構築・提供しています。一方で，それほどの規模を持たない出版社・団体は，刊行や販売に関する業務を大きな出版社や大学出版会，アグリゲータ（後述）などに全面／部分委託する，といった傾向がみられます。

(4) アグリゲータ（データベース・ベンダー）

　「アグリゲーション」（aggregation）には，「集約すること」という意味があり，「アグリゲータ」（aggregator）とは，「（何かを）集約する者」となります。また，「ベンダー」（vendor）は「販売者」を意味しますので，「データベース・ベンダー」とは，「データベースの販売者」となります。すなわち，電子ジャーナルをとりまく世界において，アグリゲータやデータベース・ベンダーという場合は，「他の組織が刊行したタイトルを集めたパッケージ商品を販売する組織」を意味するところになるでしょうか。「データベース・プロバイダー」（database provider）と呼ばれることもあります。

　上記(1)〜(3)で説明した団体は，いずれも学術雑誌を自らの力で刊行・販売していますが，会社や学会などの垣根を越えて刊行タイトル群を組み合わせ，販売を行うことはなかな

かできません。対して，アグリゲータは，学術雑誌を刊行することこそ行いませんが，そのかわりに，刊行している提供元と契約したうえで，複数のタイトルを組み合わせてパッケージ化し，それらを「売る」ことに特化しています。営利／非営利いずれの形態でも存在しています。有名なアグリゲータの例として，民間企業では「ProQuest」，「EBSCO Information Services」，「Cengage Learning」など，非営利団体では，Ithaka の管理下にある「JSTOR」があります。

コラム b
....
データベースとは？

　インターネットを気軽に使えるようになった私たちの身の回りには，大量の情報があふれています。これは，学術情報に関しても同じことです。星の数，よりも多いかもしれない学術情報の中から，利用者の求めにぴったり合い，かつ信憑性の高い情報を効率的に探し出せるもの，それがデータベースです。
　ひとことでデータベースといっても，その種類は多岐にわたります。新聞記事や判例，統計情報などを検索するためのデータベースは，大半が直接情報を入手することができ，一次資料としての意味合いを持つものです。大学図書館では雑誌論文を検索するための文献データベースの需要が非常に高く，総合的なものから分野を細かくしぼったものまで数多くが提供されています。雑誌論文検索のための文献データベースには，書誌情報までを得られるものと論文データの閲覧まで可能なものがあり，書誌情報を得るためのデータベースは二次資料として，論文データの閲覧まで可能なものは一次資料として位置づけることができます。
　利用者を情報の波におぼれさせないよううまくナビゲートするためには，私たち図書館員自身がさまざまなデータベー

スについての知識を深め，自大学の学部・学科構成をよく理解したうえで，大学にとって必要なデータベースを導入する必要があります。また，導入後は，利用の条件や検索方法，キーワード設定のコツなどのほか，「これを検索するためにはこのデータベース」というデータベースの使い分けについても利用者に丁寧に説明することが重要です（国内の雑誌論文を検索するための CiNii Research で外国文献を検索したり，外国の雑誌論文を検索するためのデータベースに日本語を入力して検索したりする利用者は意外と多いのです…）。

データベースが充実すればするほど利用者の利便性は向上しますが，予算が不足してくると厄介です。電子ジャーナルの講読を中止してデータベースを維持するのか，それともその逆なのか…ツールとコンテンツのいずれを充実させるかは，十分に議論を行ったうえで決定する必要があります。

　ここまできて，「はて，うちの大学では，こうした出版社や団体と直接契約していないのでは……？」と思われる方がいるかもしれません。大学図書館の場合，いわゆる「代理店」を経由して，電子ジャーナルを契約するケースが多くあります。

(5)　代理店

　代理店とは，その名のとおり，「契約や販売を代理して行ってくれるお店（会社）」です。伝統的には，大学図書館における学術雑誌（冊子）の購読契約を一手に引き受けていました。冊子から電子ジャーナルへ移行するにあたっても，代理店の役割はさほど変わらず，提供元との仲介役を担っています。電子ジャーナルを扱ううえで，代理店が担う主な役割は，「いろいろな団体が提供する電子コンテンツの広報や説明」，「見積の照会」，「契約手続の代行」，「契約料金の送金業務」，「契

約後の管理関係事務あれこれ」、「利用統計の取得と提供あるいは指南」などです。もちろん仲介してもらうにあたっては、手数料などの上乗せ料金が必要です。日本では、「㈱紀伊國屋書店」、「丸善雄松堂㈱」、「ユサコ㈱」などが代理店業務を行っています（2023年現在）。海外では、アグリゲータでもある「EBSCO Information Services」が有名です。

3.2 購読契約の種類

電子ジャーナルの購読契約方法は、大きく分けて3種類あります。いずれも「年間を通した購読契約」が基本です。

(1) 個別タイトル契約（Title by Title: TbT）

冊子を契約する従来の方法と同様、1タイトルずつ契約する方法です。つまり「バラ売り」です。その契約形態には、冊子が深くかかわっています。具体的な区分として、「冊子＋無料の電子」（Print + Free EJ）、「冊子＋電子」（Print + EJ）、そして「電子のみ」（EJ Only）、さらに「電子＋大きく値引きされた冊子」（EJ + DDP: Deep Discount Print/Price）といったバリエーションがあります。

(2) セット契約

上記の発展形です。タイトル単位ではなく、同一の提供元から刊行されるいくつかのタイトル（同じ分野のタイトルや姉妹誌など）をセットにして契約する方法です。だいたい2誌から、多くても4, 5誌程度の規模です。バラ売りよりもややお得な価格が設定されているので、全部のタイトルが必要

という図書館では，この形態を選択することも多いでしょう。

（3）パッケージ契約

　同一の出版社や学会などから刊行される個別タイトルをまとめてパッケージ化したものを，「パッケージ」単位で契約する方法です。「まとめる」という点では(2)のセット契約と似ていますが，パッケージ契約は，その団体が刊行中の全タイトル，または分野別に分けられた全タイトル，というある程度規模の大きなものです。「包括契約（ビッグディール）」と呼ぶ場合もあります。

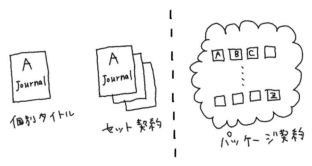

図4　購読契約の種類

　あるいは「アグリゲータ」が，さまざまな出版社や学会などと契約を結び，刊行母体に左右されないタイトルを分野別に集めたパッケージもあります。出版社や学会などが提供するパッケージに含まれるタイトルは，アグリゲータが提供するパッケージにも並行して含まれることがあり，同一のタイトルがさまざまなパッケージに搭載されていることも珍しいことではありません。

なお，「タイトル単位」ではなく，タイトル内に掲載されている論文を「論文単位」で購入する方法（Pay per View: PPV）も存在していますが，年間単位の購読契約とは少し異なるため，ここでは契約方法の種類としてはあげていません。PPVについては第Ⅱ部「7章　来年どうするか」で後述します。

3.3 価格体系

それでは，購読契約の種類別に，その価格体系のあらましを確認してみましょう。

(1)　個別タイトル契約／セット契約の場合

提供元は，刊行するタイトルの1誌1誌に対して単価を設定します。大学がタイトルを年間契約で購読する場合に対しては，機関向けの価格（定価：リストプライス）が設定されます。安ければ1誌につき数千円ですが，高ければ数百万円台と，個人向けの一般雑誌と比べてかなり高額です。

各タイトルの単価は，分野によっても高低差が生じます。特に学術的／国際的に評価が高いとされている有名なタイトル（例：Nature や Science，Cell など）は，高額な価格が設定されることがあります。また，すべての購読機関に対して同じ機関向け価格が適用されるのではなく，その機関の規模や所属者数，過去の利用数などを参考に階層（Tier：ティア，または Band：バンド）を策定し，階層別の価格が適用されている場合もあります。

セット契約では，同一の提供元から刊行されるタイトルがいくつか組み合わさっていますが，扱いは個別タイトル契約

に準じます。単独で購読契約する場合と比較すると，1タイトルあたりの単価が安く設定されるケースが大半です。セットで購読すればお得ではあるのですが，1誌でも中止するとセットが瓦解して割引がなくなり，単独での定価に戻ってしまいます。

　冊子と電子ジャーナルの形態の違いにも着目しなければなりません。電子ジャーナルは冊子と異なり，印刷料＋配送料が不要です。そのため，単純に単価を比較すると，冊子よりも電子ジャーナルのほうがやや安価に設定されていることがあります。

　さらに「3.2　購読契約の種類」で例示した「冊子＋無料の電子」（Print + Free EJ），「冊子＋電子」（Print + EJ），「電子のみ」（EJ Only）の選択肢が用意されている場合，「冊子のみ」の契約価格と比べて「電子のみ」は同額またはやや安価，「冊子＋電子」は2種類入っているのでやや高め，といった感じです。電子と冊子の価格が明確に区切られていないことも多々あります。「冊子＋無料の電子（おまけ？）」については，電子ジャーナルがついていてもいなくても冊子と同額であるわけですが，電子ジャーナルの部分がおまけとして強制的に繰り込まれている形態ですので，これを外して単価を下げるということはできません。と，ここまでは冊子ありきの価格設定です。

　時を経て，電子ジャーナルの契約数が増加していくにつれ，だんだんこうした「冊子を中心に据える」という考え方が，時代にそぐわなくなってきました。仮に，ある提供元が電子ジャーナルを主としてタイトルを刊行することに決めたとしましょう。今度は，電子ジャーナル，冊子それぞれの価格設定を行ったうえで，冊子を従と位置づけます。そして，電子

ジャーナルと冊子を両方購読するのであれば，冊子について
は，冊子価格の n％（20％〜90％くらいまでの幅があります）
で購読可能にする，と設定しました。すなわち，この契約形
態が，「電子＋大きく値引きされた冊子」（EJ＋DDP）の区分に
当てはまるものとなります。このように，「電子が主，冊子が
従」という逆転関係になると，電子ジャーナルの購読に対し
て割引価格の冊子購読を追加するという構造になり，必ずし
も冊子のほうが高額であるとはいえない状況になります。

　さらに時代が進むと（2023年時点），冊子の割引をやめる方
針（DDP の廃止）を明確に打ち出す出版社が出てきました。
こうなると，少しでも購読予算を節約したい機関は，電子か
冊子かの選択を迫られ，おそらく冊子の購入を中止せざるを
得ないでしょう。またここ数年，歴史の古いタイトルであっ
ても，冊子の刊行そのものが中止され，電子ジャーナルのみ
が刊行される傾向もみられるようになっています。新しく創
刊されるタイトルに至っては，そもそも冊子が刊行されない
ことが増え，「冊子を購読する」というオプションがないこと
も珍しくありません。

(2)　出版社や学会などが提供するパッケージの場合

　ひとくちに「出版社や学会が提供するパッケージ」とはい
うものの，ここでもやはりいくつかのパターンがあります。
代表的な 3 例を解説します。

①　冊子の購読履歴に基づく値付け

　この方法は，大学図書館が購読していた「ある提供元から
刊行されているタイトル群の冊子」を，電子ジャーナルのパ

ッケージ購読に切り替えるとした場合に、それまで学内（図書館の内外を問わず）で購読していた冊子の種類とその冊数をすべて数え、それらの合計金額を基礎として、パッケージの価格を算定するやり方です。ただしパッケージには、提供元が刊行するおおよそすべての（または、ある区切られた分野におけるすべての）タイトルが含まれています。重要な点は、大学図書館が「もともと購読していたタイトル」以外のタイトルは、パッケージに含まれてはいても「購読」の対象にはならない、という部分です。

では、購読していないタイトル（＝「非購読タイトル」）の扱いは、どうなるのでしょうか？　パッケージ内の非購読タイトルも含めてまるごとアクセスをするためには、「追加料金」（「アクセス料金」とも呼ばれます）を支払うことになっています。追加料金の価格は、タイトルを通常購読するよりもかなり安く設定されています。つまり、「購読しているタイトルに対する金額＋α」で、いままで購読していなかった多くのタイトルが読めるようになるという仕組みです。パッケージを契約して追加料金を支払えば、学内からアクセスできるタイトル数が飛躍的に増加します。いくら安くても「＋α」の料金は出せない！　という場合は、「もともと購読していたタイトル」だけにアクセスするという選択ができる場合もあります。

翌年以降の契約は、同じパッケージ内容で契約を維持するのであれば、前年に支払った金額を基礎として、一定の値上がり率（価格上昇率）をかけることで価格が決まります。これを「購読規模維持」と呼びます。規模の維持には、この「金額」をベースにする場合と、「冊数」をベースにする場合の2

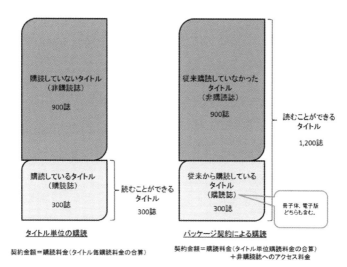

図5 1,200誌を刊行する出版社を例としたパッケージ契約の模式図
（大学図書館コンソーシアム連合『電子資料契約実務必携』より転載）

通りがあります。「追加料金」に関しても，タイトル数が増加するなどの理由で，やはり毎年価格が上昇します。

　こうして契約年が重なっていくと，そもそも冊子の購読タイトルに対して支払っていたスタート時の金額に比べ，価格は増大していきます。なお，過去の冊子契約の状況を基礎にした価格体系では，そもそもタイトルごとの値段を明確にすることができません。また，同じパッケージを契約しているのにもかかわらず，他の大学とは異なる価格設定となってしまいます。

　困った大学図書館側は，価格や条件を提供元と交渉したいのですが，単独ではなかなかうまくいきません。そこで，複数の大学が連携して「図書館コンソーシアム」を結成しまし

た（コラム d を参照）。図書館コンソーシアムは提供元と交渉し，価格上昇率を低く抑えたり，アクセスに関する特典を追加したり，といった努力を行っています。

② データベース・モデル

そもそも各種の問題をはらむ「購読タイトル」という概念を採用することをやめて，別の方針で価格を決めよう！ と考える提供元もあります。「データベース・モデル」とは，過去に購読していた冊子タイトルの価格のことは忘れて，自社のパッケージに含まれているタイトルをすべてまとめたひとつの商品として，いわゆる「データベース」のように販売してしまいましょう，という価格設定のモデルです。

このモデルでは，パッケージに対して，どの機関に対しても同一の価格を設定する場合と，機関ごとに階層を指定して価格を設定する場合があります。後者の場合は，「大学に所属している常勤の教職員と正規学生の人数」や「学部や大学院の種類」，「前年に論文を利用した数」，「研究者が書いた論文の数」などの要素を基準として階層を作成し，その階層ごとに価格を決定します。ただし，こうした階層のどの要素がどの割合で考慮されているのかなどについては，提供元の方針により多くは公開されていません。

なお，冊子の個別契約や，購読規模維持からデータベース・モデルの契約に移行する際には，自大学に適用された階層によっては，前年の支払価格から乖離した金額が請求されてしまうことがあります。高額となる場合も，逆に安価となる場合も考えられますが，高額になってしまう場合，このモデルへ移行することは難しくなります。

③ アグリゲータが提供するパッケージ

　アグリゲータが提供するパッケージは，いろいろな出版社，学協会などが刊行したタイトルを，各種のテーマの下に再編成したものです。そのため，そもそも大学が過去に購読していた冊子の支払価格からパッケージの価格を計算するということはされません（できません）。したがって②と同様に，種々のタイトルをパッケージ化したものをまるごと販売する「データベース・モデル」による販売が主流です。どの機関に対しても同一の価格を設定する場合と，機関ごとに階層を指定して価格を設定する場合があります。また，パッケージに同時にアクセスできる数に応じて，価格を階層化しているケースもあります。

・コ・ラ・ム c
••

電子ジャーナルは高額?

　「電子ジャーナルの価格が高騰している」といわれることがあります。「価格上昇」は学術雑誌そのものが抱える問題であり，冊子の価格も同様に上昇しているので，正確には「学術雑誌の価格が高騰している」というべきでしょう。

　学術雑誌の価格が上昇する要因は，提供内容の代替がきかず競争原理が働かないという背景に加えて，商業出版社の合併・吸収による寡占化が進み，かつ投稿論文の増加に伴う査読や編集，プラットフォーム開発維持などのコストが上昇しているため，といわれています[1]。

　1980〜90年代にかけて，アメリカの大学図書館では，冊子価格の値上がりに予算が追いつかなくなり，購読タイトルが激減する危機的な状況に陥りました。このことは「シリアルズ・クライシス」[2]と呼ばれています。その際，学術雑誌の提供元は，これまでの冊子購読金額に加えて，比較的少額の追加料金を支払うことで，より多くのタイトルにアクセスでき

る「電子ジャーナルのパッケージ」を提案しました。これが
いわゆる「ビッグディール」というものです。

　日本の大学図書館にもほぼ同じ状況が訪れたため，欧米の
大学図書館と同様に，「ビッグディール」の提案がなされまし
た。支出を抑えつつ購読タイトルを増やしたい大学側は，こ
の提案を受け入れ，いったんは危機的な状況が回避されたよ
うにみえました。ところが，学術雑誌の価格上昇という問題
自体は解決されていなかったので，当然，大学が学術雑誌に
支払う金額は年々上昇し続けていきます。

　個別契約の冊子や電子ジャーナルであれば，タイトル単位
で購読を中止することにより，少しずつ支出を抑えることが
できます。しかし，「ビッグディール」は複数タイトルをまる
ごとパッケージ化しているため，部分的にタイトルを中止し
て規模を縮小するといった工夫ができません（あるいは，で
きにくい）。しかも年々，含まれる各タイトルの価格上昇に
よって，総額が大きくなっていき，大学図書館の持つ予算を
圧迫し続けています。さりとてパッケージ契約を中止すると
なると，一気に利用可能なタイトルが減少し，これまた研究
活動に及ぼす影響が大きくなってしまいます。こうした状況
から，大学側はパッケージ契約の中止／継続の判断に苦慮し
ている…というのが実情です。

　2020年以降，全世界が新型コロナウイルスの流行に見舞わ
れ，先を見通しにくい状態となったことに伴い，当該年の電
子ジャーナルの値上がり幅自体は（出版社側の配慮から）低
い水準に抑えられました。しかし，2021年以降は再び少しず
つ値上がり幅が大きくなっています。そして，予算の縮小や
為替レートの悪化によりパッケージ契約をそのまま維持する
ことができなくなり，世界中の多くの機関で契約中止，パッ
ケージ規模の縮小，個別タイトル契約などへの移行を余儀な
くされています[3]。こうした状況の中，研究を重視する大学
では，購読契約から転換契約（コラムaを参照）に移行する
ケースが出ています。

図書館コンソーシアムの活動

　図書館コンソーシアムとは，ある目的を達成するために共同で活動する図書館の集合体のことです。相互利用や総合目録の構築，図書の共同保存などを行うコンソーシアムもありますが，ここでは，複数の参加機関が共同して電子ジャーナルなどの電子リソースの契約交渉・購入を行う組織を指すこととします。日本における代表的な例として，大学図書館コンソーシアム連合（JUSTICE）[4)]や，日本医学図書館協会（JMLA）と日本薬学図書館協議会（JPLA）の共同コンソーシアム[5)]があげられます。海外でもさまざまな国や地域で組織されており，それらの国際的な連合体として国際図書館コンソーシアム連合（ICOLC）[6)]があります。

　電子リソースの交渉・契約・支払といった活動内容は，コンソーシアムによって異なります。たとえば JUSTICE では，交渉窓口を一元化して提供元との交渉を行いますが，実際の契約や支払は各参加機関が行います。コンソーシアムが窓口となって交渉を一元的に行うことで，参加機関は交渉業務を軽減することができます。参加機関が多くなることによって全体の購買力と交渉力が強化され，個々の機関で交渉するよりも有利な条件を引き出すことが可能となります。コンソーシアムを対象とした提案内容の例としては，定価からの割引，翌年の価格上昇の抑制，メンテナンスフィー（サーバなどを維持する費用で，維持費，ホスティング料金などとも呼ばれます）の免除などがあります。またコンソーシアムは，利用条件の改善や，オープンアクセス化に向けた契約モデルをつくるための交渉，各種データの収集と大学学内向け説明資料の提供なども行っています。こうした活動内容は，メーリングリストやウェブサイトを通じて参加機関に提供されます。さらに，イベント開催や情報提供といった支援も行われています。

　コンソーシアムの存在は，提供元にとってもメリットがあります。一元化された窓口と交渉することで，個々の参加機関と交渉を行うより効率が良くなります。また，合意した内容はコンソーシアムから参加機関に周知されるため，営業・広報業務の省力化が期待できます。

注

1) 加藤信哉"第7章　大学図書館と電子ジャーナル"日本図書館情報学会研究委員会編『電子書籍と電子ジャーナル』勉誠出版，2014. p. 138. および，高橋努"大学図書館から見た電子ジャーナルの現状と課題"『電子情報通信学会誌』vol. 95, no. 1, 2012. p. 27-32.　http://hdl.handle.net/2261/50457

2) 栗山正光"第6章　学術コミュニケーションと電子ジャーナル"日本図書館情報学会研究委員会編『電子書籍と電子ジャーナル』勉誠出版，2014. p. 107.

3) SPARC: Big Deal Cancellation Tracking
https://sparcopen.org/our-work/big-deal-cancellation-tracking/

4) 大学図書館コンソーシアム連合（JUSTICE）
https://contents.nii.ac.jp/justice

5) JMLA／JPLA コンソーシアム　https://jmla1927.org/consortium.php

6) 国際図書館コンソーシアム連合（ICOLC）　http://icolc.net/

4章 契約時に知っておくべきこと

　ここでは，実際に契約することになったときに知っておくべきこと——契約期間，契約条件のいろいろ——を説明します。

4.1 契約期間

　「契約期間」とは，大学図書館が電子ジャーナルを購読契約する期間のことです。電子ジャーナルの利用者は，この期間内に限って，大学のネットワークを経由することで契約しているタイトル群にアクセスすることができます。多くは1年単位での契約ですが，場合によっては複数年にわたって契約することもあります。

　海外の電子ジャーナルは，「1月〜12月（暦年）」を基本的な契約期間としています。年の途中で契約を開始する際には，1か月単位で契約できる場合もあり，翌年からあらためて1月〜12月の契約を開始します。ただし大学の会計規則上，契約は「4月〜3月（年度）」でしか許可されないという場合，提供元と交渉して契約期間を変更することがあります。そうした対応が難しい場合は，代理店に間に入ってもらい，支払時期や回数などに関して相談するケースもあります。なお通常，契約期間中は，途中で契約を解除することができません。

4.2 契約条件

　電子ジャーナルを購読契約するということは,「電子ジャーナルを物理的に購入する」のではなく, 契約によって「契約期間中, 電子ジャーナルにアクセスする権利（ライセンス）が, 一定の条件の下で保証される」ということです。

　海外パッケージの場合, 契約機関が購読契約を行う際には, 提供元から一定の条件＝「お互いに, こんな条件でどうでしょう？」という内容が書かれたライセンス・アグリーメント（License Agreement）の案が提示されます。ライセンス・アグリーメントとは,「利用許諾契約」などと訳される, 法的な文書です。「合意書」と呼ぶこともあります。電子的なコンテンツを利用する契約を結ぶ際には, 提供される内容や期間, 契約機関（Licensee：ライセンシー）と契約提供者（Licensor：ライセンサー）の権利や利用にあたっての各種条件を書面で規定することになっています。

　ただし個別タイトルやセットの購読契約時には, 提供元からライセンス・アグリーメント（以下, アグリーメント）が提示されることはほとんどありません。そのため, ウェブサイトに公開されている利用規約をよく読んだり, 代理店に確認したりしなければなりません。大学図書館は, 契約を行う前にあらかじめ,「その条件はどういった内容を含んでいるのか？それは大学図書館とその利用者にとってどういう意味を持っているのか？」を理解しておく必要があります。ここからは, そうした「契約条件」がどのようなものなのかを, 具体的にみていきます。

（1）提供内容：契約によって提供されるタイトルとアクセスできる範囲

　個別タイトルやセットの契約である場合は，提供元が契約機関に対して，「1タイトルまたは数タイトルについて，a. 契約年内に刊行される巻号，あるいは，b. 指定する過去の巻号，へのアクセスを提供すること」が「提供内容」にあたります。パッケージ契約の場合は，「パッケージに含まれている複数タイトルすべてについて」ということになります。

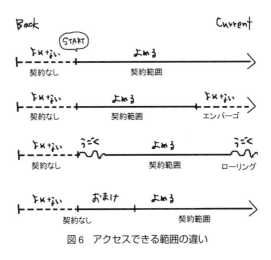

図6　アクセスできる範囲の違い

　a. の場合，アクセスできる範囲は「契約年内に刊行される巻号」が基本です。最新号（Current Issue：カレント号）にアクセスできるほか，基本のアクセス範囲に付随して，「契約をしている最中だけは，過去X年の間に刊行された巻号にもアクセスさせてあげましょう」というおまけの条件が加えられる

ことがあります。「本当に契約した年に刊行した巻号にしか
アクセスさせてあげません」という場合もあるので注意して
ください。なお，カレント号を含む契約ではなく過去巻号の
みを提供するパッケージや，アグリゲータが提供する主題別
のパッケージの場合，「現在からＸ年前までの巻号にはアク
セスできません」，「最新の号には，刊行後Ｘ年（Ｘか月）はア
クセスできません」といった条件がつくこともあります。こ
の「利用できない期間」は「エンバーゴ」（Embargo）や「ムー
ビング・ウォール」（Moving Wall）などと呼ばれます。また，
アクセスできる範囲の全体が動くという条件（「ローリング」
（Rolling）と呼ばれます）が指定されている場合もあります。

(2) 接続方式：タイトルにアクセスする方式，同時にアクセ スできる数，リモートアクセス

契約するタイトルやパッケージに対して，契約機関からど
のように接続することができるか，その方式を定義します。
また，同時に何人までがアクセスできるのかについても規定
します。

最も多いのは，「サイトライセンス（Site License）方式」です。
この方式は，契約機関の敷地（サイト）に割り振られたＩＰア
ドレスの範囲内からであれば，ＰＣやタブレットなどを通して，
どこからでもアクセス可能になる，というものです。サイト
範囲の定義は，提供元によって異なります。少しでも住所が
異なると，別サイトと認定される場合もありますし，全キャ
ンパスがひとつのサイトとして認められる場合もあります。

利用者が大学のＩＰアドレスを通してアクセスする際は，
大学が提供する認証システムを経由する必要があります。ほ

とんどのパッケージ契約は，この方式を採用しています。海外商業出版社や大学出版会とのパッケージ契約では，たいていの場合，同時にアクセスできる数に制限はありません（同時アクセス数＝無制限）。アグリゲータが提供するパッケージ契約の場合は，同時アクセス数が制限されているケースもあります。

　個別タイトル契約やセット契約にみられるのが，提供元が発行する ID とパスワードを用いて利用する方式（ID/PW 方式）です。図書館内に設置された PC に限定したり，利用希望者に ID/PW を知らせたりといった管理が必要で，同時アクセス数（＝ ID 数）が制限されるという面がありますが，契約金額の抑制といった点から，この方式を採用することがあります。なお，授業利用や利用講習会のためであれば，ID を短期間増加してもらえる場合がありますので，提供元に相談してみてもよいでしょう。具体的な提供期間やコストの有無は，提供元によって異なります。

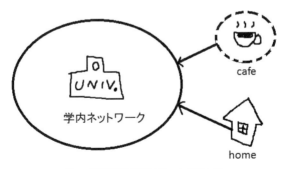

図7　敷地外からのリモートアクセス

接続方式を問わず，契約機関の敷地以外（外出先や自宅など）からアクセスすることを「リモートアクセス」（Remote Access）と呼びます。海外電子ジャーナルの場合，大半の契約ではリモートアクセスが許可されていますが，まれに許可されていないこともあります。リモートアクセスの詳細については，第Ⅱ部「4章　設定しよう」を確認してください。

(3)　利用者の範囲

機関が契約するタイトルやパッケージを「利用できる人」（利用者）について，その範囲が規定されています。利用者の範囲は，基本的に契約機関の所属者です。大学の場合は，所属の研究者（教員，研究員など），職員，大学院生，学部生などを幅広く含みます。

所属者といっても，常勤（full time）／非常勤（part time）の教職員，正規課程／それ以外の課程（科目等履修生，聴講生など）の学生など，学内での区分がいろいろありますが，海外電子ジャーナルの場合は，そうした区分によって利用が制限されることはさほど多くありません（皆無ではないので個々の契約ごとに条件の確認が必要です）。ただしリモートアクセスについては，大学が運用するネットワークの認証方針に拠ることが多いため，常勤の教職員や正規課程の学生の利用に限られることがあります。

所属者以外の利用については，「図書館が認めた入館者」をウォークインユーザー（Walk-in User）として，館内端末での利用を認めることが一般的になっています。なお「卒業生」は，特別の条件がない限り，大学所属者の範囲に含まれない（一般利用者として扱われる）ことが通例です。

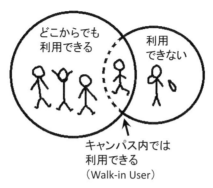

図8　電子ジャーナル利用者の種類

　また，電子ジャーナルの価格を決定する場合に，契約機関
の正規所属者数（FTE: Full Time Equivalent）を基準とした計算方
式を用いることがあります。FTE の数え方には，所属者の頭
数を数える場合（ヘッドカウント），そのジャーナルが対象と
している分野の学部や研究科などに在籍する所属者だけを数
える場合など，種々あります。FTE は，上で述べた利用者の
範囲と必ずしも合致するものではありません。

(4)　ILL の可否

　購読タイトルについて，図書館間の相互協力（ILL: Inter
Library Loan）を通じた複製物の提供が許可されるか否か，の
条件を確認します。

　大半の契約ではこの条件が認められていますが，複写物の
提供方法については，「プリントアウトした紙によるやり取
りのみを許可する」，「図書館間での電子ファイルによるやり
取りを許可するが，利用者への提供は紙に限る」，「図書館間

でのやり取りから利用者への提供まで電子ファイルを用いることを許可する」など，いくつかのバリエーションが存在します。いずれの場合でも，著作権の範囲内でのやり取りが基本となることはいうまでもありません。また，契約上はILLが可能であっても，実際に運用するかどうかについては各大学側の体制やポリシーに拠ることになります。詳しくは第Ⅱ部「4章　設定しよう」を参照してください。

(5)　授業やe-ラーニングなどにおける利用の可否

　電子ジャーナルのタイトルや論文を，「授業内での資料として紹介する」，「リザーブブックとして指定する」，「教材の一部として使用する」といった利用に供することができるか否か，についての条件です。新型コロナウイルス感染拡大以前は，授業で利用する際には冊子やコピーを利用することが多かったかもしれませんが，オンラインやオンデマンドの授業が併用されるようになって以降，電子資料を参考資料や教科書として指定することが多くなり，e-ラーニングのプログラムも増加してきていると考えられます。実際にそうした事例が出てきたときに，あわてずに条件を確認し，状況に応じて提供元へ問い合わせができることが重要です。

(6)　テキスト・データ・マイニング利用の可否

　昨今では，さまざまな学術分野において，テキストデータ全文を機械的に分析する研究手法「テキスト・データ・マイニング」（TDM: Text and Data Mining）が話題になっています。電子ジャーナルに掲載された学術論文は，この手法の対象となりうるため，パッケージに収録された電子ジャーナルのテ

キストやコンテンツについて，各種マイニングの対象とできるようあらかじめ許諾を得ておくことも，重要となりつつあります。

(7)　利用統計の取得の可否

　購読タイトルやパッケージについて，過去にどの程度の利用があったかを示す数値を「利用統計」として取得できるかどうかの条件です。利用統計の分析は，将来的に契約の継続や中止を検討する際に非常に重要な指標となるため，どのような方式や頻度で統計の数値が提供されるかについてよく確認することが必要です。海外電子ジャーナルの提供元は，昨今そのほとんどが COUNTER（カウンター）という標準化された統計情報を提供しています。詳細については第Ⅱ部「7章　来年どうするか」を参照してください。

(8)　契約終了後の扱い

　「契約を中止した後はどうなるのか」についても規定されています。冊子で契約しているときには，契約期間に刊行された巻号が紙の形で積み重なっていき，契約を中止した後も冊子が没収されることはありません。電子ジャーナルの契約であっても，基本的には「契約中止後，契約中に刊行された購読タイトルの巻号に今後もアクセスできる権利」（永続アクセス権：Perpetual Access Right）を得られます。ただし，あくまでも，「購読タイトルのうち，契約期間中に刊行された巻号のみ」がその権利の対象となるため，契約を中止した後は，契約中におまけで読むことができていた部分（契約する以前に刊行された過去巻号や，非購読のタイトルなど）にはアクセ

スできなくなってしまう可能性があります。

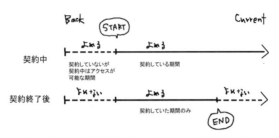

図9　契約中と契約終了後にアクセスできる範囲の違い

　また，最新号を含む契約ではない場合に，電子ジャーナル
を提供するプラットフォーム（後述）に対して，年間のメンテ
ナンスフィー（サーバなどを維持する費用）を別途請求され
る場合もあります。なお，アグリゲータが提供する主題別パ
ッケージや，一部学会が提供するパッケージにおいては，上
記と異なり，最初から「契約を中止したら一切，アクセスで
きなくなる」というポリシーが提示されているケースがあり
ます。詳細については第Ⅱ部「7章　来年どうするか」を参
照してください。

(9)　タイトルが変更されるときの扱い

　パッケージ契約中に，あるタイトルが他出版社のパッケー
ジに移行する／移行してくる（移管），タイトルの刊行そのも
のが中止される（終刊）などの原因により，提供内容が変更
されてしまうことは少なからず発生します。提供内容の変更
は，契約更新時の価格決定に影響するため，変更後の扱いを
規定しておかなければなりません。「パッケージからタイト

ルが減った分は，減額される」のか，「タイトルの増減があっ
ても，価格の変更はない」のか，などの条件をあらかじめ確
認しておく必要があります。

　個別タイトル契約の場合でも，翌年からタイトル名が変更
されたり，他のタイトルに吸収されたり，逆に分裂したりと
いったことはよく起こります。パッケージ契約のように複雑
な扱いにはなりませんが，タイトルの動きが契約全体の中で
どういう意味を持ち，どういう影響があるのかについて意識
しておくにこしたことはありません。詳細については第Ⅱ部
「7章　来年どうするか」を参照してください。

(10)　禁止事項

　電子ジャーナルの利用にあたっては，たとえ契約機関の所
属者であっても，何の制約もなく利用するというわけにはい
きません。「電子ジャーナルを利用できる資格を持つ利用者
が，許可された方法で，研究／学習目的のために，適切な量
を利用する」という約束が必要です。もちろん提供元にも，
「契約中は契約内容を支障なく契約機関に提供する」という
義務があります。契約側，提供側がお互いに約束を守るため
に努力するということになります。詳細については，第Ⅱ部
「5章　いざ利用開始」を参照してください。

　以上が「一定の条件」の主な内容です。契約を結ぶ際に，
提供元から提示された内容が契約機関にとって妥当であれば
よいのですが，困った内容が含まれている場合，あるいは逆
に必要な内容が含まれていない場合は，その条件を撤回／緩
和／追加するといった措置を講じるよう，なんらかの形で提

供元と交渉しなければなりません。

　しかし、「提示された条件が大学にとって妥当なのかどうか」を、判断することがそもそも難しい場合もあるでしょう。図書館コンソーシアムが提示する各種パッケージの契約条件と比較してみたり、所属するコンソーシアムの担当者に相談してみたり、契約条件について代理店の評価を聞いてみたりなど、手探りであっても状況を把握するように心がけるだけでもずいぶん違います。契約期間中になんらかの問題が生じてしまったとしても、翌年の契約条件を検討する際にその反省を生かせるようにしたいところです。

4.3 プラットフォーム

　最後に、電子ジャーナルが搭載されるインターネット上の「場所」について説明します。電子ジャーナルの提供元は、その提供タイトルを、論文を閲覧するためのシステムに搭載します。これを「プラットフォーム」と呼んでいます。プラットフォームからは、それぞれのタイトルについて、各巻号の一覧から目次、そして論文本文を閲覧することができます。

　利用者は、提供元が指定するプラットフォームの URL から、目的のタイトルにアクセスしたり、求めるテーマで検索したりします。論文本文は、冊子に準じた PDF ファイルで提供されることが一般的ですが、同時に各種リンクを実現する HTML 版や、文献管理ソフト（ReadCube など）の機能を使って提供される場合もあります。利用者に閲覧する権利がない場合には、課金して論文にアクセスする仕組み（PPV: Pay per View）も提供しています。また、管理者用にさまざまな機

能（利用統計や各種設定など）が付随しています。Elsevier 社の「ScienceDirect」, Wiley 社の「Wiley Online Library」, Springer Nature 社の「SpringerLink」などが有名です（2023 年現在）。

　各提供元によるプラットフォームの基本的な機能はほとんど変わりませんが，自社で開発した他のデータベースへのリンクなど，独自色を出すことも少なくありません。独自にプラットフォームを開発しにくい小～中規模の学会などは，プラットフォームのみを提供（ホスティング）する団体や会社と契約して，その組織が提供するシステムに電子ジャーナルを搭載する場合があります。「HighWire」や「Ingenta Connect」,「Atypon」,「Silverchair」などが有名です（2023 年現在）。学会によっては，何年かおきにプラットフォーム会社を変更したり，大きな出版社のプラットフォームに移行したりするなど，毎年なんらかの動きがあるため，見逃さないようにしたい部分です。

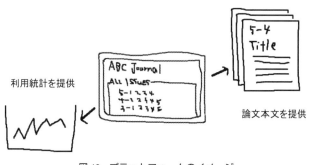

利用統計を提供

論文本文を提供

図 10　プラットフォームのイメージ

ここまでは，海外の電子ジャーナルの契約にかかわる基礎知識を簡単に説明してきました。第Ⅱ部では，1年間のライフサイクルで起こるそれぞれのイベントを，できるだけ具体的に説明していきます。

第 **Ⅱ** 部

実践編
電子ジャーナルを
扱ってみよう

●
●
●

　ここからは，実際に大学図書館で電子ジャーナルを扱う間に起こるできごと・やるべきことを，7つの段階に分けて解説していきます。まずは全体の流れを俯瞰することから始めましょう。どこかの段階の途中から始めなければならない場合は，その部分から読み始めてもかまいません。とりあえず最初は0章を読んで，現在自分がどの段階にいるのかを考えることからスタートしてみましょう。

0章 契約のライフサイクル

　電子ジャーナルを扱うにあたっては，その「ライフサイクル」を意識することが重要です。電子ジャーナルの契約では，「情報収集→意思決定→発注・契約・支払→設定→利用開始・広報→トラブル対応→評価」というイベントを1年間で回していきます。次の図11は，1つの契約におけるライフサイクルを示したものです。カッコ内の数字は，第Ⅱ部の各章に相当します。

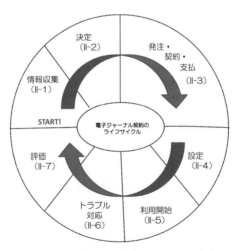

図11　電子ジャーナル契約のライフサイクル

主な契約開始時期は1月または4月ですが，年の途中から
の契約や，複数年にわたる契約形態も考えられます。契約の
種類や条件によって，各段階のイベントで行うべき内容が異
なることもあります。翌年更新することが決まっていても，
条件を違えて契約する場合には，前の年とは異なったプロセ
スを踏まなければならないかもしれません。同時に複数の手
続を進行させているならば，それぞれがどの段階にあるのか
を確認し，次にやるべき仕事を準備しなければなりません。
契約を中止する場合でさえも，やるべきことがいろいろと発
生します。「何が今，どういう状態にあるのか」を常に把握す
ることが，スムーズな電子ジャーナル管理への第一歩です。

　1つの契約における，1年間のおおよそのライフサイクル
例を，月ごとに示したのが図12です。契約開始月によって，
イベントのタイミングがずれます。1年という間にやるべき
ことはけっこうたくさんあるため，複数の契約を処理しなけ
ればならない場合は，それなりにたいへんです。
　それぞれの局面では，必ず，担当部署以外のスタッフとの
協働や協力が必要な場面が出てきます。つまり，利用者サー
ビス担当からシステム担当，総務担当，大学当局の支払担当
など，さまざまな部署のスタッフを巻き込んで業務を遂行し
ていくことになります。決して一人で解決しようとせずに，
周囲のスタッフに相談しながら業務を進めることを前提とし
てください。それでは，始めていきましょう！

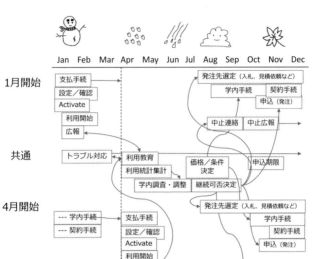

図12 契約の1年間の流れ（例）

1章 検討しよう

この章では，契約の現況を把握・整理・分析し，電子ジャーナル契約の開始・継続・中止を検討する段階について解説します。

1.1 なにはともあれ現状把握

はじめて電子ジャーナルを扱うにあたってまずやるべきこと，それは「**今，自大学（図書館）では，いったいどんなジャーナルをどのような条件でどのくらい契約しているのか**」を把握することです。それがわからないことには，「これからやるべきこと」の方針を立てることができません。前任者が残してくれたメモや業務ファイル，これまでに出版社や学会，代理店と締結した契約関係の書類，ウェブサイトや電子ジャーナルリストの設定情報を概観し，自分なりに把握できるように努めましょう。また，契約しているパッケージや個別タイトルに対しては，どの予算で，いくら支払っているのかを，おおよそでよいので確認します。「支払額」には，契約するパッケージや各タイトルの本体価格とともに，代理店への手数料や消費税が含まれていることも頭の片隅においてください。支払時に利用した為替レートの情報を押さえておくことも重要です。

できるならば，前任者に直接問い合わせができるようなチャネルがあること（つくっておくこと）が望ましいです。どうしても情報が足りない場合は，現在取引している代理店に，「今年度の契約の状況を教えてください」と聞いてしまうのもひとつの手です。なおこうした機会に，契約の単位（パッケージ名や，契約先の出版社や学会名）をおおよそ覚えておくと，今後利用者から質問があったときやトラブル発生時などになにかと便利です。契約に含まれるタイトル名をひとつひとつ覚える必要はありません。要は，**「確認したいときに，確認するための手段」が確保できていること**を確かめておけばよいのです。

1.2 各種調査に対応する

　好むと好まざるにかかわらず，年に一度は文部科学省から「学術情報基盤実態調査」，JUSTICE の会員館であれば「契約状況調査」などの回答依頼が，大学図書館に向けてやってきます。それぞれ数多くの詳細な調査項目が含まれています。担当者からすると，これらの調査依頼に回答するのはたいへん面倒な作業なのですが，回答内容は日本，あるいは図書館コンソーシアム全体における学術情報動向を確認する基礎データとなりますので，なるべく正確に答えることを心がけてください。このとき，自分が担当する以前の情報を把握しておくことは大いに役立ちます。可能であれば，前年以前に提出した回答記録を確認できる状況を整えておきます。同様に，調査類に回答した結果は，後任者のために経緯や根拠を含めてもれなく記録しておきましょう。

「学術情報基盤実態調査」は毎年春ごろに，文科省のウェブサイト上に結果が公表されます[1]。「契約状況調査」は毎年秋ごろに，JUSTICE の会員館用のウェブサイト上に結果が掲載されます[2]。いずれも前年度の大学図書館全体の動向をつかむのに適した資料です。できるだけきちんとした回答を送付すると同時に，ぜひ出てきた結果を毎年確認し，自大学図書館の立ち位置と比較してみてください。

1.3 図書館外での契約の有無を確認する

ところで，もしかしたら図書館だけではなく，学科や研究室，あるいは教員が個別にタイトルを購読契約しているかもしれません。こうしたケースでは，概して冊子での契約が多いのですが，「冊子＋電子」(Print + EJ) や「電子のみ」の契約である可能性もあります。図書館側で，大学院・学部などによる単独契約タイトルや，パッケージ契約に含まれている購読タイトルをすべて把握している状況ならば，さしたる問題は生じませんが，図書館側が，学科などでの契約には直接関係していない場合には，どうしてもそうした情報を見落としがちです。

大学全体でどういう契約をしているのかをできるだけ把握することは，とても大切です。仮に学内で同じタイトルを重複購読していると，契約先からは「研究に必要だから重複している」と見なされてしまいます。親切に「契約が重複しているようですが，このままでいいのですか？」などとは，契約先からはまず言ってもらえません。同じ代理店で契約している場合は指摘してくれることがありますが，契約する代理

店が異なる場合などは，図書館が気づかない限り，そのままになってしまうかもしれません。

　図書館の外での契約状況を把握するには，どのような手段があるでしょうか。残念ながら網羅的に確認することは難しいのですが，以下のような状況からその存在が判明することがあります。

・図書館の購読タイトル以外に，なぜかアクセスできているタイトルがある！　オープンアクセスではないのに！
・契約書をよく見直してみたら，把握していないパッケージ名（タイトル名）が入っている！
・代理店から入手した契約情報に，図書館外の契約も含まれていた！　しかも重複している！
・教員や院生から「このタイトルにアクセスできるはず」とクレームが出たが，図書館には該当する契約がない……？
・教員から「このタイトルの来年契約価格について聞きたい」などと問い合わせがあった！

　実際にそういった図書館外契約の存在が判明したならば，その部門担当者とコンタクトをとって，情報を共有しておくとよいでしょう。実は重複契約していた，中止したいけれどどうしたものか，となった際に，お互いに相談して調整することが可能です。場合によっては，今後は学内全体で利用できることを広報できるかもしれません。「学内だけど図書館外での個別契約」をできるだけ把握しておくことは，大学全体における電子ジャーナルへの支出規模の予測や，翌年以降の契約内容の検討に役立ち，サービスを改善することにもつ

ながっていきます。

1.4 現状を分析する

　契約状況をおおよそ把握し終えたところで，次にやること
は「分析」です。はたして，現状の契約内容は，「自大学の研
究・教育の範囲と合致する＝契約するに値する」ものなので
しょうか？　自分なりに考えて分析してみます。これまでそ
うした試みをしたことがない場合は，以下のような作業例を
参考にしてください。

（1）　自大学の研究内容

　自大学が持つ学部・研究科・研究室の一覧，および教員デー
タベースなどを利用して，その研究内容をざっと眺めてみ
ます。小規模な大学の場合は，教員が過去に書いた論文のテー
マ，院生の修士論文や博士論文のテーマを見直してみるの
もよいでしょう。

（2）　「選書基準」の有無

　自大学の図書館では「選書基準」をつくっていますか？
その「選書基準」に，電子ジャーナルの収集についての記載
はありますか？　収集方針が記載されているならば，その方
針に沿った収集ができているのか，確認します。そうした記
載がなかったとしても，「雑誌」や「逐次刊行物」に関する収
集基準はあるかもしれません。冊子版も電子版も，雑誌（ジ
ャーナル）であることに変わりはありませんから，電子ジャ
ーナルの収集を考えるための「よすが」となりえます[3]。

(3) 過去の利用統計

　契約しているパッケージや個別タイトルについて，過去の利用統計を取得し，どのように利用されているのかを確認します。契約業務を開始した当初には，いきなりハードルの高い作業かもしれませんが，前任者がすでに過去データを取得して残しておいてくれているかもしれません。

　なお，こうした「契約の評価」は，電子ジャーナル契約のライフサイクルにおいて，最後にやってくるイベントでもあります。利用統計とその評価に関する詳細は「7章　来年どうするか」を参照してください。

　こうした作業を行ったうえで，自大学が契約しているパッケージや個別タイトルのひとつひとつについて確認してみると，なかには，「もう誰も研究していないテーマなのにずっと契約しているタイトル」や，「最近はたいして使われていないらしいパッケージ」が発見できるかもしれません。ただし，いくら「自大学で現在行われている研究には必要がなさそうなタイトル」であっても，そのタイトルがパッケージ契約の「購読リスト」に含まれている（＝購読タイトルである）場合，アグリーメントに記載されている条件によっては，パッケージを契約している限りキャンセルすることができない（あるいは，できにくい）ため，注意が必要です。なお，パッケージを契約しているためにアクセスができているタイトル（＝非購読タイトル）も存在しています。

　「利用があまりない」からといって，そのタイトルが「必要とされていない」とは限りません。一概に利用数の多寡だけで判断してしまうのも考えものです。あるいは逆に，「契

約していないために論文全文へのアクセス要求が拒否されているタイトル（≒必要なタイトルかもしれない？）」が判明することもあるでしょう。こうした現況も含めて，「現在の契約内容」をざっと分析しておくことは，今後の意思決定に向けての大切なステップとなるのです。

1.5 次の契約をどうするか考える

　現状の把握と分析で土台を固めたところで，「次の契約をどうするか」について具体的に検討する段階へ入ります。この段階は，あくまでも「契約するかどうかを検討する対象」を抽出して，リスト化する作業を行うもので，「正式な」決定には至りません。検討すべき内容は，おおよそ次の4点に集約されると考えられます。

（1）　新たなパッケージや個別タイトルの契約を開始するか？

　「契約外のタイトルについて学内から強い購読希望が複数あった」，「学内の研究テーマに即している基本的なタイトルだが現在契約していない」といった状況の場合は，そのタイトルを含むパッケージまたは個別の契約をするかどうかを検討します。

（2）　現在の契約を同じ条件で更新するか？

　学内の研究テーマに即していて，かつ利用度も高く，ゆえに優先順位が高いと考えられる契約中のパッケージやタイトルについては，翌年も同様の条件で更新することを検討しま

す。海外契約案件については，ほとんどが値上がりするうえに為替レートの変動があるため，早い段階での価格予測は難しいのですが，更新が必要であれば致し方ありません。

(3)　現在の契約条件を見直して更新するか？

　「完全にそのパッケージやタイトルを中止すると研究や教育にあきらかに支障がでそうだが，予算がなくてにっちもさっちもいかない」，あるいは逆に「こんなにコレクションの幅が広くなくてもよいのではないか」といった場合には，条件を変更して更新することを検討します。具体的には，「収録数の少ないパッケージに切り替える」，「主題別のパッケージを選択する」，「全学キャンパスで利用可能にしていたが利用範囲を縮小する」，「同時アクセス数の設定がある場合はアクセス数を減らす」などです。契約条件の変更が，学内にどのような影響をもたらすかについても考慮しなくてはなりません。また条件を変更したからといって，必ずしも期待どおりに価格が下がるとは限りません。

(4)　現在の契約を中止するか？

　「あったらいいけどなくてもなんとかなる」，「他のパッケージやタイトルと比較して優先順位が低い」，「完全に予算が足りない」といった場合には，やむを得ず現在契約中のパッケージやタイトルを中止することを検討します。「研究・教育活動にまったく支障がでない」ということはまずないので，なるべく影響を少なくできるよう，代替手段の存在もできるだけ確認しましょう。パッケージを中止する場合は，必要なタイトルを選定して個別契約したり，前払いで購入可能な

Pay per View（PPV）のサービスや，ドキュメントデリバリーサービス（Document Delivery Service: DDS）を代替手段として利用したりすることも検討します（「7章　来年どうするか」を参照）。

　電子ジャーナル契約の新規開始，更新，中止などについて意思決定を行う主体は，予算に対して発言権を持つ学内の各種委員会や，教員によって構成されるワーキンググループなどであることが大半です。図書館のスタッフが，そうした委員会などに参加して発言できるかどうかは，大学によって事情が異なります。いずれの検討を誰がどのように行うにせよ，対象となるパッケージやタイトルについて，さまざまな側面からできるだけ情報を収集しておく必要があります。検討材料を準備し，選択肢を示し，意思決定を促し，決定した（された）結果に沿って処理をするのは図書館側です。場合によっては，新規と更新と中止の複数案件を同時に進行していかなければなりません。

　問題は(4)の「契約を中止」せざるを得ない場合です。利用する側の教員や院生にとって，これまで利用できていたものが「来年から利用できなくなる」のはかなりの一大事です。予算の都合上，何かを中止しなくてはならないものの，残しておくべきものはどんなタイトルなのか，絶対に研究に必要なタイトルがあるのかどうかは，実際にそれらを利用する研究者自身に聞いてみないとわかりません。場合によっては，契約しているタイトルのひとつひとつにつき，教員に対して重要度を測るアンケートをとり，その結果と過年度の利用統計に鑑みながら，基準を決めて翌年契約するタイトルを決め

ていく手法をとることが必要でしょう（「7章　来年どうする
か」を参照）。ただし，やみくもにすべての関係者に希望を聞
いても，相反する回答がでてきてしまい，それぞれの希望に
沿う結果にはならないという恐れが生じます。どの契約を先
に検討の俎上にあげるのかという基準を決めておき，きちん
と説明できるように準備することが求められます。

1.6　情報を収集する

　検討対象を決めている最中，あるいはその後においても，
並行して電子ジャーナルにかかわる最新の情報を収集してい
きましょう。収集すべき情報の種類について，主なものを以
下にあげました。すでにここまでの段階で入手できている情
報も含め，なるべく多面的に収集することを心がけてくださ
い。

(1)　外部から収集する

①　価格体系と価格表
　電子ジャーナルの提供元が毎年提供する各タイトルの価格
表，そしてパッケージを契約するにあたってどのような価格
体系を採用しているのかを示す情報を得ることは，情報収集
の基本です。価格体系の説明や価格表は，提供元のウェブサ
イト上に Excel や PDF ファイルなどで提供されており，（す
べてではありませんが）学術機関向けに冊子（print），電子
（electronic, online など）の形態別に価格が示されています。
　もっとも，契約形態によっては，個々のタイトルやパッケ
ージの価格は必ずしも明確になりません。問い合わせ方式で，

必要事項を送付しなければ情報を入手できないこともあります。特にパッケージ契約で，もともと個別に購読していた冊子タイトルの価格総額から支払価格を決定していたケースでは，もはや現在の価格がどのように計算されているのかすら，図書館側にはよくわからなくなってしまっている可能性もあります。

　過去の冊子購読冊数をベースに算出するのではなく，学術機関の階層やFTEの規模から基準を定めて価格を決定する場合は，その詳細がきちんと公開されていることがありますが，そうした場合においても，「自大学がその基準のどこに当てはまっているのか」を判断することが難しいかもしれません。ただそうであっても，「提供元が価格についてどのような考え方を持っているか」を把握しておく必要があります。

②　個々のタイトルとパッケージの特性，および利用に関する諸条件

　だいたいどの分野にも，よく利用される基本的な雑誌（例：医学分野における「New England Journal of Medicine」，「Cell」，「Lancet」，経済学分野における「Quarterly Journal of Economics」といったタイトル）があります。正直なところ，その道の研究者以外の人間には，そうしたタイトルがどの程度の重要性や影響力を持っているのか，わかりにくいのが現実です。それらを客観的に把握するための方法のひとつは，過去の利用統計データから「よく利用されているらしいタイトル」をピックアップしてみることです。タイトル名を眺めるだけでも，「これは重要そうかも」という印象をつかむ程度のことはできるでしょう。また，そうしたタイトル群につい

て，一般的な引用評価の指標（コラムhを参照）がどのくらいかを確認してみるのもよいでしょう（こうした指標類は万能なものではないので，利用に際して注意は必要です）。

またパッケージとひとくちにいっても，全分野を包括的に含む大規模なものから，細かな分野・主題別に分かれた小規模なものまで，さまざまな形態が存在します。大規模なパッケージになると，何千ものタイトルが含まれているため，個々のタイトルが持つ特性は見えにくくなってしまいます。反対に，小規模なパッケージは，数誌から数十誌程度しか含まれていない，あるいは特定主題のタイトルが集められているといったこともあって，特性がつかみやすい傾向にあります。

個別／パッケージといった契約の形態を問わず，「よく利用されているタイトル」は何号からオンラインで利用できるのか，エンバーゴ（出版元と提供元の取り決めにより，数か月から数年の幅で最新号にアクセスできない期間が発生すること）があるのか，仮に契約を終了した後も永続的にアクセス権が残るのか，その場合アクセスできる範囲はどうなるのか，といった契約条件をひととおり確認しておきます。

そして毎年必ず，とある出版社や学会の出版するタイトルが別のパッケージに移動したり，提供システムが変更されたりといった事件が起こります（「7章　来年どうするか」を参照）。タイトルの移管や変更に関しては，往々にして突然決定・広報されるので，すばやくこれらの情報をキャッチできるよう，提供元が出すニュースにすぐアクセスできる体制を整えるなど，アンテナを仕込んでおくとよいでしょう。提供元や代理店の担当者から情報を転送してもらえることもあります。

③　他大学図書館の動向

　自大学と同規模の，あるいは学部や研究科の構成が似ている他大学の図書館では，どういったパッケージやタイトルを収集しているのでしょうか。「となりの大学図書館がやっていること」は，多かれ少なかれ参考になるものです。公開OPACやデータベースリスト，AtoZリスト（コラムeを参照）などを通じて，そうした図書館の契約状況を推測することができる場合もあります。また，契約動向に関する雑誌論文や発表スライドなどがウェブサイトで公開されているかもしれません（巻末の参考文献〈各大学の事例について〉を参照してください）。担当者と仲がよい場合など，直接聞いてしまうというのもある程度有用ですが，「契約情報を学内関係者以外に口外してはならない」といった守秘義務を負っていることも考えられます。節度を持って情報収集を行ってください。

　上記①または②にあたる情報は，半ば公的なものであるため，パッケージやタイトルを提供する出版社や学会・団体などのウェブサイトや，代理店の営業担当者が配るパンフレット，チラシなどを通じて入手することが可能です。図書館コンソーシアムに参加している場合は，そこから得られる提案書類（提供元がコンソーシアム参加機関に対する契約条件を提示したもの）が，最も詳しい情報を提供しているはずです。公開されている情報や，コンソーシアムへの提案書のみでは，自大学に対応する条件がよくわからない場合は，代理店にさらなる説明を要請するか，出版社や学会などの担当者に説明してもらうよう依頼することもできます。

　また，JUSTICEやJMLA（日本医学図書館協会）／JPLA（日

本薬学図書館協議会）が毎年開催する会員館向けの説明会や，代理店や出版社が主催するセミナーなどに参加して，各種情報を得ることも検討してください。もちろん，各出版社・団体とも，電話やメールでの説明に加え，必要な資料にすぐアクセスできる手段を講じてくれているはずですが，「担当者から対面で情報を収集する」という経験は，ないよりもあったほうがよいものです。お互いに「顔が見える関係」であることは，思った以上に今後の情報収集に際して効果をもたらすことがあります。また③に関しても，いろいろな催しの場や大学図書館の研修セミナーなどで，同業者の知り合いをつくることができるかもしれません。

　なお，2023 年 2 月現在，新型コロナウイルス感染拡大を経て，全国規模のイベントは各種のツール（Webex や Zoom など）を利用した遠隔参加が可能な形でオンライン開催されています。仮にリアルタイムで参加できなくても，イベントの録画映像が配信されるケースが多くあります。ただ，気軽に参加・視聴でき，情報収集がはかどるようになった反面，まさにその情報収集において，従来のような対面時にはあったプラスアルファの「雑談時間」がなくなってしまったことで失われたものは大きい，と（筆者は）感じています。

(2)　学内で収集する
①　利用者の評価と購入希望

　情報収集にあたって最も大切なのは，学内の利用者の要望，希望，ニーズです。教員や関係する研究者，院生などの研究動向と，その意向や志向に合わせて，来年の契約内容を考える必要があるためです。前述の「現状を把握する」段階にて，

契約の現状を客観的に把握することに加えて，過去に行われた調査や，利用者からのフィードバックの有無をあきらかにすることができたならば，今度はその内容を具体的に吟味しなければなりません。過去の調査で教員からアンケートをとった経緯があるならば，その結果も押さえておきます。さらに，これまでに教員や院生からの具体的な購入希望や，購読しているジャーナルに対しての利用者の声があれば，サービス担当者の意見も交えてその内容を確認します。

　「これまでにそうした経緯がなく，いまはそんなことをしている時間もないので，このまま契約を更新せざるを得ない」といった場合は，来年以降は利用者からなんらかの意見を聞くことができるよう，体制を整えることを検討しましょう。

②　ILL 複写依頼の動向

　過去数年間に，利用者から他大学への複写依頼はどの程度あったでしょうか。相互協力部門の担当者と一緒に，過去の記録からこれまでに多く依頼された電子ジャーナルのタイトルを確認してみてください。もしもそのタイトルが長いスパンで複数の利用者から頻繁に依頼されているのであれば，それは実は学内で必要なものであるかもしれません。

③　過去の支払状況と契約条件

　現在契約中のパッケージやタイトルについて，これまでに支払った金額をあらためて確認します。昨年度あるいは今年度に，出版元や代理店に対して支払った金額はどのくらいだったでしょうか。また，その内訳はどのようになっているでしょうか。本体の原価（外価／円価）や代理店に支払った手

数料はいくらだったでしょうか。価格が決定される際の為替レートはどのくらいだったでしょうか。どのような予算枠から支払っていたでしょうか。複数の異なる予算を組み合わせていたでしょうか。契約したのはいつで，現在の契約期間は何月から何月まででしょうか。利用できるタイトル名と閲覧可能な巻号の範囲がきちんと記載されたリストが付されているでしょうか。こうした情報を収集してはじめて，来年度の予算に向き合う準備ができるようになります。

　学外，学内から集めた情報を整理する過程で，契約電子ジャーナルのコレクション全体を見渡す素地ができあがっていくことを目指します。最初から完璧になにもかもやる必要はありませんので，手の届く範囲で情報を集めてみてください。

図13　情報の収集

1.7 来年の価格を調査する

　新しい契約を検討するにせよ，条件を変更して更新するにせよ，いよいよ中止するにせよ，「来年はどのくらいの価格になるのか」を確認しないことにははじまりません。価格体系の情報や価格表があれば，それらを入手していると思いますが，それだけでは，来年の支払価格がいまひとつ明白にならない場合がけっこうあります。

　来年の価格を確認するためには，まず参考としての「見積」を取得します。「見積」を依頼する先は，出版社や学会といった電子ジャーナルの提供元，または代理店です。国内に支店があり，直接取引を行っているような提供元には，その営業担当者を通じて直接依頼することができますが，電子ジャーナルの取引を代理店におまかせしている提供元に，代理店を経由して依頼します。タイトルを刊行する提供元によっては，特定の代理店（総代理店）以外は取り扱いができない場合もありますので，注意してください。

　提供元がパッケージや各タイトルの価格や価格上昇率を決定する時期はそれぞれ異なりますが，おおよそ夏から秋にかけてであるため，関係する見積書が完全に出揃うまでに時間がかかることがあります。もろもろの条件が揃わないために正式な見積金額が出ないといった場合は，概算価格が提示されます。また，学術雑誌の価格上昇率を予測するためには，代理店からの予測情報や Library Journal の記事[4]が参考になります。

　「ある契約に対していくら支払う必要があるのか」は，個々の大学の事情や過去の経緯によって異なります。前年の支払

金額と比較して大幅な相違がある場合は，なぜそうなっているのかについて，原因を追究しなければなりません。そのためには，見積に記載されている金額の「内訳」を，特に注意して確認する必要があります。「契約するパッケージやタイトルの本体価格はどのくらいなのか」，「その本体価格はどのように算出されたのか（各タイトルの価格を積み重ねたのか，パッケージそのものの価格なのか，タイトルの積み重ね価格にプラスして全誌を読むための追加料金が上乗せされているのか）」，「本体価格がどの通貨で表示されているか，円価が示されているならばその為替レートはいつの時点でどの程度か」，「本体価格に対して支払うべき消費税額はいくらか」，さらに代理店を経由しているのならば，「代理店に支払う手数料＋消費税はどの程度なのか」など。契約ごとの見積書類から，大学側の事情に応じて必要な情報を読み取れることが望ましい形です。

図14　必要な情報を記載した（参考）見積書を取得する
※必ずしも紙であるとは限りません

2015年10月以降，海外の電子ジャーナルを契約する場合でも消費税を支払わなければならなくなり，大学と海外企業との取引に際しては「リバースチャージ」という方式がとられるようになりました[5]。要するに，海外の出版社や学会に代わって，大学側がその消費税を納税するというやり方です。ただし，海外企業の日本法人と直接契約を結ぶ場合は，国内取引の扱いになるため，リバースチャージ方式の処理は行わず，従来どおりに消費税を含めた支払を行います。なお，代理店の手数料にかかる消費税に関しても，従来どおり代理店側が納税します。大学で処理すべき金額，代理店に支払うべき金額をしっかり見積もっておきましょう。

さらに，契約したいパッケージやタイトルの本体価格が同一であっても，比較のために代理店を違えて複数の見積を取る場合（俗にいうところの「合／相見積」，「見積合わせ」）は，ほとんどが「手数料の部分にて競争が行われている」という事実をきちんと認識しておいてください。

日本国内で電子ジャーナル契約業務を扱う代理店の数は少なくなりつつあり，かつ，日本とあまり取引のない国で刊行される電子ジャーナル類については取り扱いができないこともあります。契約によっては，海外の提供元と直接，電子メールなどで価格情報をやり取りしなくてはならないケースも発生するかもしれません。

1.8 予算の状況を確認する

価格の調査と同時に，把握しておくべきことは，「予算」の状況です。今年度の電子ジャーナル契約に対しては，全体予

算のうちのどのくらいの金額を支払ったのでしょうか。来年度の電子ジャーナル契約に対して支払うことができる「予算」の額は、いったいどのくらいでしょうか。

　たいていの場合、決められた予算枠の中で、本体価格・代理店手数料・消費税の支払をまかなうことになります。大学によって、予算の組み方や、支出の方式は異なります。電子ジャーナルを契約するための予算は、いわゆる「図書」などの紙の資料を購入する予算とは区別されている場合や、大学の資産にする／しないなどで分かれている場合もあれば、一方では区別されていないこともあります。大きなパッケージを契約するために、学部の枠を越えた「共通経費」を設定している場合もあるでしょうし、個別ジャーナルの契約を学部や研究室が主体的に行っている場合もあるでしょう。図書館

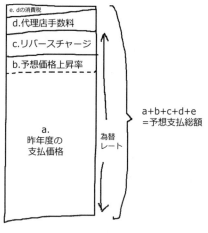

図15　予想支払総額の内訳

が予算を完全にコントロールしているケースは、まれかもしれません。また、手数料や消費税を支払うために別枠の名目を設定している場合もあります。

海外の電子ジャーナルの購読契約を開始・更新するとなると、パッケージであれ個別タイトルであれ、価格上昇がつきものです（コラムcを参照）。それぞれの「価格」や「前年からの価格上昇率」は、出版元の方針、コンソーシアムとの交渉状況や、為替変動などにより毎年異なります。たとえば1月から契約期間を開始するパッケージや個別タイトルの「価格」および「価格上昇率」は、夏から秋に決まります。しかし、大学側で次年度の予算を決めるタイミングは、前年度の秋から冬です。要するに、翌年度の予算を組む時点で、正確な価格がわからない状況なのです。

だからといって、手をこまねいているわけにはいきません。昨年の本体価格に、近年の価格上昇率を参考として「仮に予想した価格上昇率」を上乗せし、さらに代理店への手数料や消費税も含めて、仮の予想支払金額を計算します。これから予算を決める時期であるのなら、できるかぎり「来年の支出額はこうなるだろうから、このくらいの予算を確保したい」というデータを準備したうえで、その金額を確保できるような予算を組むように努力します。すでに予算の上限が決まってしまっている場合にも、どの優先順位で予算を執行していくべきか、あらかじめ確認しておく必要があります。

どうしても予算が足りない場合、図書館として大学の執行部に予算の窮状を訴え、間接経費や外部資金などによる財源確保を図るという手段も検討します。そのためにも、現状の把握に加え、収集したデータを駆使して幾通りもの予想を立

てられるよう準備しておくことが重要です。こうした作業は，できるだけ一人で行わずに，上司がいるなら上司をまきこみ，自部署でも他部署でも理解者をなるべく得たうえで，傾向と対策を練るようにしましょう。

1.9 トライアルを実施する

　新規の契約を検討する際には，電子ジャーナルを提供するプラットフォームを試用する「トライアル」を申し込んでみてはいかがでしょうか。ただしトライアルができるのは，大きな出版社やアグリゲータが作成しているパッケージやデータベースです。トライアルは，あくまでも「使い勝手」や「利用頻度」を評価するためのもので，研究者に論文全文を取得してもらうことを主眼としてはいません。研究者が「今，単に利用したいだけ」のタイトルを個別にトライアルすることはまずできないと考えてください。トライアルは無料であることが多いのですが，有料で実施されることもあります。

　提供元が作成するパンフレットやコンソーシアムへの提案書には，トライアルに関する情報も記載されていますので，トライアルしたいパッケージやデータベースが，そうしたサービスを行っているかどうかを確認します。もしも「トライアル可」との記載があれば，提供元あるいは代理店に「トライアルをしたい」旨の意思表示を行います。仮にそうした記載がなかったとしても，トライアルができるかどうか相談してみることはできます。新規に契約を結ぶことの検討が前提であれば，それなりに融通をきかせてもらえるでしょう。逆に，「（契約できるお金はないけれど）とりあえず試してみた

い」程度のトライアルの場合，あまり無理は聞いてもらえないかもしれません。

　トライアルができることになったら，提供元あるいは代理店にトライアルをするために必要な情報を提出します。申込書が準備されていることもあります。具体的には，大学（図書館）名・窓口担当者氏名・連絡先・利用場所（IP アドレス）・トライアル開始時期などです。

　トライアルができる期間は，提供元によって異なります。1 か月の設定が多いですが，長いところでは 3 か月から半年ということもあります。たとえば 1 月から新規に契約をしたいのであれば，トライアルはその前年のどこかで行います。学内でどのような利用者に使ってもらいたいかにもよりますが，なるべく多数の利用者からフィードバックを得たい場合は，学期中で利用の多い時期（5〜7 月や 10〜12 月）に設定するとよいでしょう。たいていは，大学側の希望に沿った時期を選択できます。しかし，提供元によっては，コンプライアンスの関係上（本来は有料であるべきコンテンツを無償で提供しているのではないか，との疑義を避けるため），トライアル期間と契約開始月との連続を禁止している場合があります。トライアル期間とその開始・終了時期については，申請する際によく確認しておくことが大切です。

　実際に導入するケースを想定して，導入時と同様の条件（全キャンパスにおいて，IP アドレス制御による利用が可能で，全所属者がリモートアクセスできるなど）でトライアルを行うことが望ましいですが，提供元のシステム要件や条件によっては，すべての機能を使うことができず，ID/ PW 経由のアクセスによるトライアルが行われることもあります。トライ

アルで提供されるコンテンツや環境によっては，提供元の意
向により「図書館スタッフのみのトライアル」や「図書館ス
タッフと一部の関係教員のみのトライアル」となることも考
えられます。

1.10 トライアルを広報する

　キャンパスの利用者に広くトライアルをしてもらいたい際
は，広報のやり方も考えなくてはなりません。ともかく所属
者全員がトライアルをしてよいのであれば，大々的にウェブ
サイトや SNS，ポスターなどを利用して宣伝してください。
3 か月や半年といった長期トライアルの場合は，電子ジャー
ナルの AtoZ リストへの搭載を検討したり，リンクリゾルバ，
OPAC，ディスカバリーサービスなどの検索対象にしたりす
ることも有効でしょう（「4 章　設定しよう」およびコラム e を参
照）。しかしトライアルが終了したら，その旨をスタッフや
利用者に広報したり，リンク先を閉じたりすることも忘れな
いようにしてください。トライアル期間が短いのであれば，
むしろ広報の手間による人的なコストの消費にもつながって
しまいますので，十分に注意して広報のレベルや範囲を判断
してください。

　トライアルの目的は評価をすることですから，トライアル
を行った期間の「利用統計がとれるかどうか」も重要な要素
です。数か月間のトライアルにおいて，1 か月ごとに利用統
計を取得できるならば，途中でも利用動向をつかむことがで
きます。利用してくれそうな研究者や学生には，トライアル
の開始をメールなどで連絡し，利用した感想をもらえるよう

にお願いしておきましょう。利用者からのフィードバックは，導入に際して強力な後ろ盾になりえます。ただし，将来的な導入検討対象にはなりえても，予算の都合ですぐに導入する見込みが「ない」場合は，あらかじめ利用者にその旨を知らせておいたほうがよいかもしれません。

　トライアルをしたからといって，「必ず導入しなくてはならない」というわけではありませんが，導入ができない場合には，提供元および利用者に対してそれなりの「導入しない理由」を説明することが必要になり，かえって不満を生じさせる結果にもなりかねません。「ちょっと使ってみたい」からといって，やみくもにトライアルを実施するのも考えものです。かといって，「まったくトライアルしない」のも，ある種の機会損失になる可能性があります。利用者の要望，研究のためのニーズ，スタッフの関心，提供元からの情報などを総合的に確認したうえで，トライアルの実施可否そのものを判断する必要があることは，心にとめておいてください。

　「トライアルの実施」は，それ自体が実際の運用に近い「ライフサイクル」を持っています。"検討し，相談し，交渉し，決定し，設定し，広報し，使って，評価する"というものです。ここにないのは「学内手続」や「契約」，「支払」といった，お金の絡む作業だけです（ただし，「有料トライアル」という形態の場合は別です）。こうした機会を有効に活用することで，導入時のシミュレーションを行います。

注

1）文部科学省「学術情報基盤実態調査」（旧大学図書館実態調査）

　http://www.mext.go.jp/b_menu/toukei/chousa01/jouhoukiban/1266792.htm

2) 大学図書館コンソーシアム連合「契約状況調査」

　https://contents.nii.ac.jp/justice/documents#report

3) 大学図書館によっては，選書基準をウェブサイトで公開している場合があります。

　（例）慶應義塾大学湘南藤沢メディアセンター蔵書構築方針（形態別：電子メディア，3. 電子ジャーナル）

　　https://www.lib.keio.ac.jp/sfc/about/cdpolicy.html

4) 代理店の価格予測情報は，たとえばユサコ㈱の「ユサコニュース」（https://www.usaco.co.jp/u_news/）などに掲載されます。また，Library Journal は毎年「Periodicals Price Survey」にて学術雑誌（分野別）の平均価格を発表しています。JUSTICE のウェブサイト上では，Library Journal のデータから分野別の平均値上がり率を算出したドキュメントを公開しています（https://contents.nii.ac.jp/justice/documents）。

5) 国税庁「国境を越えた役務の提供に係る消費税の課税関係について」

　https://www.nta.go.jp/publication/pamph/shohi/cross/01.htm

2章 決定しよう

この章では，電子ジャーナル契約の開始・継続・中止を決定する段階について解説します。

2.1 何／どれを，新規契約／継続／中止するのかを決める

　現状把握と情報収集を行い，場合によってはトライアルも実施しつつ，翌年（度）の契約をどうするかの対象を絞り込んで，リストがある程度「できてきた！」としましょう。そのリストを，担当者内のみで共有している段階であれば，図書館スタッフ間でのコンセンサスをとるために，館内のミーティングや会議にかけなければなりません。しかしその際，単にリストを提示して「来年に向けてこれだけの電子ジャーナル契約がありますが，どうします？　これ必要だと思いますか？」などと乱暴なもっていき方をしたのでは，決まるものも決まらないでしょう。「担当者としては，来年のこの契約を，これこれこういう理由で，こうしたらどうかと思う」という具体的な意思を「理由」および「データ」とともに示すことになります。今後も段階的に「これらを，なぜ，どうしたいか」を説明し続けなければならないはずなので，このプロセスはかなり重要です。

　ここでいう「データ」とは，前段階で収集した各種情報・

見積などの材料をまとめたものを指しています。たとえば「電子ジャーナル契約全体の支払金額」,「各契約の昨年度支払金額」,「各契約の経年的な価格上昇」,「この10年間の為替相場の推移」,「代表的な分野の雑誌の価格上昇率」,「電子ジャーナルの支払金額が図書館予算に占める割合」,「これまでの利用統計数値のグラフ」,「教員からの契約希望理由」,「今後の見通し（できれば3年程度，長期的な利用条件も含む）」といったものです。一部のデータについては，JUSTICEのウェブサイト上でも提供されていますので，会員館である場合は活用してください。

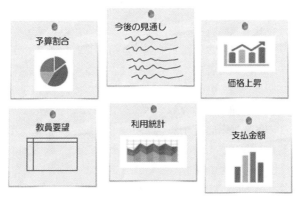

図16 データのいろいろ

集めたデータを示しつつ,「来年の予算がこれくらいとして，現契約を更新するとした場合の試算はこうなりますが，そうするとこれだけ予算が足りなくなりそうなので，このパッケージ契約を中止して，かわりにこのような措置をとりたい」,

「複数の教員からこうした熱心な導入希望があった。過去の利用統計からアクセスが少ないと考えられるこちらの契約を中止して，さらに図書予算を移行すればなんとかなりそうなので，このパッケージを新規契約してはどうか」というように，なるべく具体的に説明できるようにしておきます。もしかしたら上司や館長から再考を求められるかもしれませんし，もっと情報を収集する必要がでてくるかもしれません。周囲の同僚や，時として学外の同業者と協力しながらデータを精査し，まずは図書館としての「来年はこうしたい」リストを固めましょう。

2.2 タイムリミットを確認する

　図書館内でのリストが固まったら，ここから「新規契約したい」，「同条件で契約更新したい」，「契約内容を変えて更新したい」，「契約を中止したい」それぞれの対象を，「正式に決定する」段階に入ります。最初に，提供元／代理店に対して「いつまでに契約の可否を連絡しなければならないか」を確認してください。新たに契約する場合，申し込みからサービス開始までに必要な時間は，おおよそ1か月から2か月というところです。そうした情報は，パンフレットや提案書に記載されています。仮に「1か月前までに申し込み」ということであれば，サービス開始予定の1か月前までに，学内での意思決定とその手続をすべて終えておく必要があります。

　ちなみに，更新する（継続する）場合は，条件変更や中止の意思表示をしない限りそのまま契約が続行されるケースがあります。逆にいえば，契約を中止する予定でも，うっかり

連絡を怠っていると自動的に更新されてしまっていることがある！ ということです。更新をするための意思表示をしなければならない場合でも，前年の契約内容と同じ条件なのであれば，それほどの時間はかからないでしょう。ただし条件を変更して契約する場合は，その変更内容を伝えたうえで，再契約や再設定をしなければならないので，新規契約時と同じくらいの時間をとられるかもしれません。また，新規契約でも更新でもない「中止」の場合は，新規契約時よりも早い時期に連絡をしなければならないことがあり，たいてい1〜3か月程度の時間を要するので，注意が必要です。たとえば，「3か月前までに要連絡」という条件の下で，4月〜3月契約のパッケージまたは個別タイトルを3月末（年度末）にて中止とする場合は，「12月末までに意思決定を終えておかなければならない」ことになります。

いずれの場合でも，デッドラインから逆算して提供元への連絡時期をきちんと確認し，必要な手続を確実に完了できるような体制をとらなければなりません。

2.3 正式な手続を開始する

スケジュールが確認できたら，「学内で正式に承認してもらう」ための手続を開始します。大学によって手続方法は異なりますので，過去の記録を確認する，上司に相談するなどして，やり方を確認してください。

例として，予算の決定権を持つ主体（教員を含む委員会や会議など）に「来年はこうしたい」リストを審議してもらわなければならない状況であったとしましょう。会議を招集す

ることが決まったら，早急に出席メンバーへ調整をかけて会議日を（契約元に契約意思を伝えるデッドラインを勘案しつつ）決定し，その会議に向けて資料の準備に入ります。会議を開催できたとして，1回で方向性がなんとか決定すればよいのですが，「各学部などに持ち帰り再検討する」といった場合には，「今後はメール審議で決めましょう」，「会議を再招集しましょう」となる可能性も否定できません。しかも，さらなるデータの提出が要求されるかもしれません。「来年はこうしたい」リストが正式決定されるまでの道のりは必ずしも平坦ではありませんが，学内での承認がとれるまで辛抱強く対応してください。

2.4 交渉する

　「種々の電子ジャーナル契約の方向性を決定したから，先方の条件に従って契約しよう」というのでは，契約担当者としてややひねりが足りないかもしれません（?!）。本当に提供元や代理店が出してきたそのままの，その条件で契約してしまってよいのでしょうか？　「そのまま」というのは金額だけの問題ではなく，各サイト（キャンパス）からのアクセス条件や，利用開始時期，支払方法などの調整事項をも含みます。細かなことであっても修正・確認したい条件が発見されたら，その点について提供元に連絡し，可能であれば修正してもらい，時には交渉を試みることも必要でしょう。代理店が仲介している契約の場合は，代理店に対して，提供元との代理交渉や確認を依頼することも可能です。
　そのためにも，方向性を決定する前の情報収集や見積の段

階から，できるだけ金額と契約条件を確認しておくことが大切です。可能であれば，アグリーメントや契約書のサンプルを先に取得して，その内容を確認しておきます。提供元が日本の出版社や学会であれば，契約書も日本語で読むことができますが，海外の場合は当然，英語の書類となります。大きな海外出版社やアグリゲータであれば，アグリーメントのひな型の和訳を「参考」としてもらえる可能性があります。しかし，中小規模の学会などでは内容の和訳まで手がまわらないことが多いので，図書館側では英語で内容を確認する必要が生じます。

　望ましいのは，口頭やメールなどで確認した「契約条件」と，アグリーメント／契約書の「契約条件」の内容が揃っていることです。図書館側における契約条件の認識と，アグリーメント／契約書上の記載が異なるケースでは，いうまでもなく口約束より「書かれた条件」のほうが効力が強いため，アグリーメント／契約書の記載を図書館側の認識に合わせてもらわないといけません。もしかしたら図書館側の認識に誤解がある可能性もありますから，担当者（自分自身）の考えていることとアグリーメント／契約書の記載内容が揃っているように，確認してすり合わせます。

　コンソーシアムなどによる条件交渉が終わった段階では，その参加館・会員館全体に対し一定の条件を示した提案書が示されているので，そこからさらに個別交渉をして条件を上乗せしていくことは困難です。提供元によっては，コンソーシアムに交渉窓口を一本化していることを理由に，個別交渉には一切応じてもらえないこともあります。しかし図書館側にも，それぞれ個別対応してもらいたい事情があることは確

かです。抜きんでてよい条件を得ることは無理かもしれないことをあらかじめわきまえたうえで，提供元に個別の事情を説明して話をすることくらいはできるかもしれません。とにかく話し合いのテーブルについてもらい，対面で話をすることによって，たとえ今年の条件には反映されなくとも，来年以降の交渉時に参考としてもらえる可能性が生じてきます。

とはいえ，すべての契約の条件を交渉するだけの時間はありませんし，そこに費やせる労力は（提供元にとっても）限られていますから，個別交渉をすると決めた場合には，どうしても条件を再確認したい契約案件を筆頭に，優先順位をつけて臨むべきでしょう。

大学にとって理想的な条件をもって主張しなければならないことは前提ですが，理想と現実のギャップは大きく，提供元にも大学側の条件を飲みづらいそれなりの事情があることも勘案しなければなりません。契約する側だからといって一方的に圧力をかけたり，感情的になったりすることは避けて，しかし主張すべきところは主張しつつ，理性的に話し合いを行います。お付き合いは今年度限りではなく，長期的に続いていくのです。少しでも成果を得たい場合は，最終的な「落としどころはどこなのか」を探ったうえで，時には提供元にとってメリットとなりうる別条件を提示することも視野に入れます。一方的な勝ち負けではなく，お互いに折り合うことを検討してください。

なお，「交渉」と「決定」の間の手続は，常に揺れ動くものです。「学内でおおよそ決定→先に交渉→条件を見直し→学内正式決定」だったり，「学内の正式会議にかける→さらに交

渉が必要との結果が返ってくる→再交渉→もう一度正式会議
へ」だったりなど，手続の手順が前後することや，同じよう
な手続を何度も繰り返すことが往々にしてあります。状況に
応じて行きつ戻りつすることも，予定にいれておきます。

図 17　いったりきたり

2.5 入札する／稟議にかける，正式に決定する

　「来年はこうしたい」リストがどうにか確定し，各種確認
や交渉も終えて，なんとか提供元と大学側との条件が折り合
ったところで，契約する条件を確定したら，ようやく学内で
の正式手続に向けて進み始めることができます（もちろん，
正式手続中になんらかの理由で却下されて再検討・再交渉に
なる可能性も否定はできません）。ここから先の手続方法や
方針は，各図書館により異なりますが，設置母体（国公立か，
私立か）が同じである場合は，おおまかなやり方が似通う傾
向にあります。

(1)　国立大学
　国立大学の場合は，物品やサービスの調達を公正に行うた

めに，一連の手続状況やその結果を説明・開示する義務が課せられており，公的な機関の物品・サービス調達方法に準ずる形で進みます。

　手続の方法は予定価格によって異なり，調達予定価格があらかじめ指定された金額（例：2022 年度は 1500 万円（10 万SDR）以上）よりも大きくなる場合は，国際条約である「政府調達に関する協定」が適用されるため，あらかじめ『官報』に公告を出したうえで，競争入札を行い，契約先を決定します。見積合わせのみで競争入札を行わないケース（競争が伴わない場合は「随意契約」と呼びます）もありますが，やはり指定された金額を超えた際には『官報』への公告が必要です。予定価格が指定以下の場合は，その金額に応じて「公募により，業者の一般競争入札を行う」，「公開せず，指名業者による見積合わせを行う」といった形で契約先を決定していきます。

　いずれの場合も，決まった書式による仕様書，見積書，各種証明書の作成と提出を求められるので，担当者の業務はかなり煩雑です。なお競争する業者がほかになく，その一社と契約せざるを得ないケース（こちらも「随意契約」に相当します）でも，専売的な販売形態であることの証明を行わなければなりません。『官報』公告を伴う入札物件ともなると，どうしても決定までに時間がかかってしまうため，早め早めの準備が必須です。

(2)　公立大学

　公立大学の場合も，国立大学と同様に，入札情報と入札結果を開示する義務があります。また，手続の過程も開示請求

の対象となるので,「執行や仕様の決定」,「見積徴収などの意思決定」はすべて決裁をとり,記録を残す必要があります。

随意契約の場合でも,独占的な販売形態であることの証明を行わなければなりません。大学の上層部や財務担当が意思決定に慎重になることが多く,場合によっては入札を行う場合よりも時間がかかることもあります。

いずれにしても,手続にはかなりの手間がかかりますので,時間に余裕を持って準備しなければなりません。「どのような手続を行う必要があるのか」,「いくら以上なら入札を行うのか」,「いくらまでなら見積合わせでよいのか」といった規則は,設置母体である地方自治体によって異なりますので,必ず大学の財務担当などに確認をしましょう。

(3) 私立大学

国公立大学とは異なり,私立大学の場合は入札や結果を公的に開示する義務がありません。見積合わせを行って契約先(代理店)を選択することはありますが,各大学における内部規程に従い,学内のみの審査・決定により手続を進めます。

大学の特色や規模によって,そのやり方はさまざまといえます。たとえばA大学のケースでは,見積金額が一定の金額を超えた場合には,学内での稟議決裁が必要となります。見積金額により,稟議決裁のレベルが異なります(たとえば,図書館内部の部課長→理事会回議による決裁だけで済む場合,理事会開催時に説明を伴ったうえでの理事会・学長決裁となる場合など)。国公立大学と同様,各種証明書やアグリーメント/契約書のサンプルを稟議書類に付すなど,厳正な証明が求められることもあります。一方で,契約見積金額が学内

の指定金額よりも安価であり，稟議決裁を必要としない場合は，図書館スタッフまたは決定権を持つ委員会の一存で契約先を決定してしまうこともあります。慣例的にひとつの代理店にすべての手続を任せている例もあります。どのようなやり方をとるにせよ，大学の内部統制に従いつつ，コンプライアンスに反することがないように気をつけなければなりません。

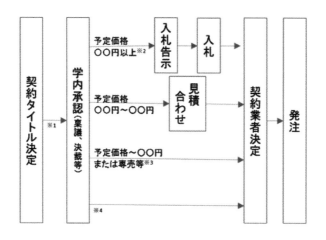

※1　私立大学では、学内承認前に見積合わせを行う場合があります。
※2　「〇〇円」は、各大学の会計規程によって異なります。
※3　国立大学では、予定価格によって、官報公告が必要な場合があります。
※4　私立大学では、学内承認の段階で契約業者を決定する場合があります。

図18　決定から発注までのフロー（例）

　一部の海外企業や団体は，日本的な入札・会計・支払システムの慣例にあまりなじみがないこともあり，「見積書」や「専

売証明書」(特定の製品を専売していることを証明するもの)
をはじめとする各種書類の発行に対して理解を得られず，手
続に必要な書類を作成してもらえないというトラブルが生じ
ることもあります。電子ジャーナルの各契約において提供元
のポリシーや方式が異なるために，「あっちの出版社は書類
を出してくれているのに，こっちの団体がそれをできないの
はどうしてか？」と問われるケースが生じるなど，学内での
理解が得にくい部分です。根気よく提供元に説明し続けてな
んとか発行してもらうか，学内での手続の際に提供元から証
明書が発行できないことを説明して納得してもらうか，いず
れかの措置をとらざるを得ません。

　入札の結果が確定し，あるいは稟議決裁を終えれば，晴れ
て正式に「学内での承認プロセスを経て，契約（調達）先を
決定する手続が完了した」ことになります。

3章 発注・契約・支払しよう

この章では，新規または継続を決定した電子ジャーナルについて，発注・契約から支払までの手続を解説します。

3.1 「発注」前に行うべきこと

学内での手続を経て，翌年に契約すべき電子ジャーナル群とその契約（調達）先が正式に決定すると，いよいよ「発注」ができる状態になります。この場合の「発注する」とは，「大学が，翌年（度）に，電子ジャーナル（個別／セットまたはパッケージ）を，正式に契約する意思がある」旨を，契約（調達）先である提供元または代理店に通達することです。大学によっては「購読予約」という表現を使っているかもしれません。

新規に契約する場合には，「発注」することが必須です。契約を継続（更新）する場合でも，たいていは図書館側から「継続する」旨を提供元あるいは代理店に連絡することになるか，先方からリストが送付されてきて「これでいいですよね」と確認されるか，ということになります。まれに継続の発注を忘れて連絡を怠ると，先方から確認されることもなくアクセスが途切れる場合があるため，いつまでに連絡をしなくては

ならないのかも確認しておいたほうが無難です。なお「中止する」場合は，前章で確認したスケジュールに沿って，キャンセル申し入れの締切日までに「今年まで契約していたが，来年から中止する」旨を，確実に提供元または代理店に伝えなければなりません。

　新規契約，更新にかかわらず，実際に「発注」を行う前には，契約先，代理店，予定支払金額，契約期間，利用できるコンテンツ，利用者の範囲，利用可能なキャンパス，同時アクセス数，リモートアクセスや ILL などの可否，といった各種の契約条件を最終的に確認しておきます。

　IP アドレスによる接続を行う場合には，利用可能なキャンパスの場所をすべてカバーする IP アドレス（通常は IPv4）の範囲を申請しなければなりません。全学分の IP アドレスのうち，どこからどこまでの部分がどのキャンパス（あるいは学部や部署，建物など）を示しているのかの情報を，キャンパスのネットワーク担当から入手するなどして，しっかり押さえておきましょう。なお大学内ネットワークの事情によっては，IPv6 アドレスへの対応が必要な場合もありますので，注意が必要です。さらに，「リモートアクセスが可能」という条件ならば，「学内の認証システムで設定している IP アドレスの範囲」も必ず把握しておきます。こうした情報は，契約期間中（利用中）に起こってしまうかもしれないトラブルや，利用統計の解析時にも必要となります。もしも「学認」を通じてリモートアクセスを行う場合は，そのための対応が必要となります（「学認」については，コラム f を参照）。

　それから，提供元の出版社・団体などの担当者氏名や連絡先はなるべく押さえておくとよいでしょう。代理店を通じた

発注でも，なんらかのトラブルが生じた場合には，提供元に直接連絡しなくてはならない状況に陥るかもしれませんから。

図 19　発注前の確認事項（例）

3.2 アグリーメント／契約書の作成前に行うべきこと

　さて，海外パッケージを契約する場合は，提供元の海外法人と提供を受ける側の大学法人との間で，アグリーメントの取り交わしを行います。個別タイトルを契約する場合は，特に何も取り交わさないこともあります。また，代理店を利用する大学では，提供元とのアグリーメントに加えて，代理店と大学法人の間で契約書を取り交わすこともあります。したがって多くの場合，大学側には「代理店と交わした契約書」，「提供元と交わしたアグリーメント」の 2 種類があることとなります。

　海外提供元とのアグリーメントは通常「単年」単位で取り交わしますが，パッケージ契約で「複数年」の契約形態を選択しているケースでは，初年度のみ取り交わして，翌年以降

は修正や追加（Amendment, Supplement など）で補うという形をとることもあります。「複数年契約を行う意思はあるが，大学側の会計制度の都合で契約書を単年（度）単位で交わさざるを得ない」といった場合には，提供元から「覚書」（来年［度］以降も確実に契約するという一筆をしたためた書類)を要求されることもあります。特に複数年での契約を結ぼうとする際には，実際に契約を結ぶ手続に入る前に，学内でどのような処理をするのがよいか，大学の本部担当者とも確認し，意思疎通をしておくとよいでしょう。

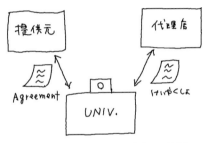

図20　大学，提供元，代理店との関係

　「1. アグリーメントや契約書を交わすべきタイミング」と，「2. 誰にサイン（署名）をしてもらうべきなのか」についても，はっきりさせておきます。1. については，利用開始前に取り交わしを行うことが基本となります。原則的には，それぞれの契約ごとにアグリーメントや契約書をつくっていくことになり，複数の手続を同時に進めなくてはならないため，そうしたこともスケジュールに繰り込んでおく必要があります。2. については，双方で契約を行う権限を持つ代表者が署名を行うことになっています。サイン者は，「代表者から

契約について委任された者でもよい」ということになっていますが，サイン者を誰にするのかについては，大学の状況によって異なると考えられますので，学内で契約をつかさどる部門に確認をとっておきましょう。

それから，アグリーメントや契約書の原本を学内のどこで保管しておくのか，その部門や場所も確認しておいてください。大学によっては，契約書を法人本部に集約していることもあれば，図書館内で保管していることもあります。

「利用料をいつどのようにどうやって支払うのか」を先に確認しておくことも重要です。これまでに「価格を調査する（見積を取る）」，「学内での正式手続を経て電子ジャーナルを契約する許可を得る」という段階をクリアしてきているわけですから，支払うべき金額とその内訳についてはわかっているはずです。そのうえで，利用料金を支払うための学内手続方法について，「どのような書類を揃えて（アグリーメントや契約書のサンプルが必要？）」，「学内のどの窓口に提出して」，「どこに対して（提供元 or 代理店？）」，「どういう手段で（代理店経由の銀行振込 or 海外直接送金？　円価 or 外価？）」，「いつまでに（入金のデッドラインと，それに間に合う振り込みスケジュール）」などの情報を事前にチェックしておかなければなりません。

3.3 発注する

準備を終えたら，「発注」しましょう。提供元の担当者，あるいは代理店の営業担当者に，「正式な手続が終了したので発注したい」旨を，書面やメールなどで通達します。提供元

によっては，発注申込書のフォームが準備されていることもあります。口頭（電話を含む）による発注は，証拠が残らないということもあり，それだけで済ませることは避けたほうがよいでしょう。後々になって，発注した日付がいつだったのかを確認する必要が生じるかもしれません。

　発注する際には，電子ジャーナルにアクセスするために必要な情報を伝えます。契約するパッケージ名または個別のタイトル名，大学（図書館）名，窓口担当者の氏名とその連絡先，利用場所（IP アドレス）などです。これらの要素はトライアル時に伝えるべきこととほぼ一緒ですが，より正しく詳細な情報を伝える必要があります。もちろん，すでに契約しているパッケージやタイトルがあるなどの理由で，提供元や代理店側がすでに必要な情報を持っていれば，「どれそれを来年も発注しますのでよろしく」程度の連絡で済んでしまう場合もあります。逆に情報が足りない場合には，提供元の担当者や代理店の営業担当者が大学を訪問し，対面で各種確認を行うことがあるかもしれません。

　発注の意思を伝えたら，今後の手続のスケジュールや，やるべきことをよく確認します。具体的には，「いつから利用できるようになるか」，「アクセスする先（URL）はどこか」，「アクセスが可能になったときには，誰からどういう手段で連絡が来るのか（メール，電話，あるいは書面？）」，「アクセスを可能にするための作業があるかどうか，あればその方法も」，「アグリーメント／契約書はいつどのように取り交わすか」，「請求書類はいつ送付されるか」といったことです。契約開始月の初日から利用できるようになる，というのが原則ですが，発注時期が遅れた場合には多少ずれてしまうことも

ありえますので，十分に注意してください。

　「発注する」という行為そのものは，あっけなく終わって
しまいますが，この合図をもって実際の契約手続が始まりま
す。

図21　発注時の確認事項（例）

3.4 アグリーメント／契約書を作成する（パッケージの場合）

　パッケージ契約の手続を開始すると，最初に出版社や代理
店から「アグリーメント／契約書の原本」が送付されます。
大学側で，学内規則に従って契約書を作成する場合もありま
す。提供元と大学側がそれぞれ1通ずつ保管することになり
ますので，たいていは2通作成します。なお，日本国内の法
人同士で契約書を取り交わす際は，サインのかわりに両法人
の法人印と表面／裏面への割印が必要となります。

　学内でのサイン／押印を依頼する前に，アグリーメント／

契約書の体裁と内容，および合意した条件を今一度確認してください。問題がないようであれば，担当部署への依頼手続に入ります。手続自体は各大学のしきたりに従うことになりますが，多くの大学ではサインや押印のための申請書などを提出する必要があるかと思います。なお，サインには必ず日付を付します。契約先や学内の管轄部署などから指定がない限りは，サインを行った日付でかまいませんが，あらかじめ提供先に記載すべき日付を確認しておいてもよいでしょう。

　大学側のサインや押印が終了し，アグリーメント／契約書の原本（1通または2通）が手元に戻ってきたら，提供元または代理店に，原本すべてを手渡しまたは送付してください。その際，原本は複製しておくことをおすすめします。なお，海外出版社の一部からアグリーメントの「電子署名」を推奨されるケースがあります。手続が早く終了するメリットがありますが，大学側の体制によってはそうした手続方法が許可されない場合もありますので，やはり学内での確認が必要です。

　原本を送付してしばらくすると，提供元のサインや法人印などが付された原本が1通，返送されてきます。海外提供元との契約時には，もともとアグリーメントを1通のみ作成して，両者のサインが入ったPDFファイルのみが返送されるケースもあります。

　さて，これで双方のサイン／法人印が入った原本をようやく受領できました。できあがった原本については，再度複製を作成し，いつでも最終形が確認できるように環境を整えます（この時点で，これまでに作成した段階的な複製物は破棄してもかまいません）。

　そして，あらかじめ確認しておいた学内の保管場所に原本

を保管してください。あとからでもスムーズに原本を探せるように，順を追って（時系列で）ファイルしておくことを心がけます。時間が経ってから，「どの契約手続がどういう状態にあるのか」を思い出すのは容易ではありませんので，進捗状況を表などにして管理しておくとよさそうです。提供元によっては，毎年アグリーメント／契約書を取り交わさずに，初年度のものに追記していく形で手続を行う場合があります。アグリーメント／契約書の取り交わしひとつをとっても，扱いはそれぞれ異なることが多いため，大学側はケースごとに煩雑な対応を行なわなくてはなりません。

3.5 個別タイトルの契約手続

　個別またはセットの電子ジャーナル契約手続のプロセスは，ほぼ，冊子の購読契約手続のそれと重なっています（海外雑誌の冊子契約についての詳細は，巻末の参考文献を参照してください）。「代理店の仲介を通して，複数のタイトルを契約する」という伝統的なやり方が主流です。

　というのは，第Ⅰ部でも紹介したとおり，もともとは「冊子のみ」（Print）の雑誌購読だったのが，「冊子を購読，おまけで無料の電子ジャーナルが付く」（P＋Free EJ）へ，そして「冊子と電子ジャーナルの両方を購読」（P＋EJ），あるいは「電子ジャーナルのみを購読」（EJ Only）といった契約形態に変化していったという背景があるからです。大学によっては，冊子版と個別の電子ジャーナルタイトルの契約手続が同じ流れの中に混在していることもあるでしょう。現在の購読タイトルリストは，契約先の代理店ごとにまとめられて，担当者の手

元にあると思われます。そのリストには，タイトル別に上記のような契約形態がそれぞれ記載されているはずですので，確かめてみてください。リストの記載方法は，代理店により異なります。

　毎年春から夏にかけて，各タイトルの契約可否と契約形態について検討し（「新規購読する」or「中止する」or「冊子をやめて EJ Only に切り替える」or「電子ジャーナルをやめて冊子に戻す」or「そのタイトルを含むパッケージ契約を検討する」など），契約対象のタイトルリストを作成することになります。こうした作業は，「契約更新作業」，「リニューアル」などと呼ばれます。年を追うごとに，リスト内に占める電子ジャーナルの割合が大きくなってきている（＝冊子の割合が小さくなってきている）のではないでしょうか。

　小規模な単科大学などでは，購読タイトルそれぞれについて個別に見積をとり，価格を比較して代理店を決定することが多いのですが，中〜大規模大学になると，購読タイトルをいくつかの「山」にまとめて分けたうえで競争を行い，「山」ごとに発注先の代理店を決定することもあります。私立大学では，こうした競争はさせずに，固定の代理店（1社〜数社）に対して，それぞれが扱うタイトルの見積をまとめて依頼する例もあります。大学によっては，個別タイトルの数が数百から数千に及び，見積内容をチェックするだけでも相当の時間を要するため，スケジュールの管理には注意が必要です。

　内容の確認や学内手続が終わり，個別タイトルの発注を行ったら，各代理店と「契約書」を交わします。すべての購読タイトルをまとめた形での契約となるため，各タイトルの情報が契約書内に含まれるのではなく，発注時に発行される「注

文請書」のリストに含まれている例などもあります。

　なお，世の中には代理店経由での契約が困難な個別タイトルも存在します（欧米の小規模な出版社・団体や，アジア・中東・アフリカなどの地域にあり連絡がとりにくい出版社が刊行するタイトルなど）。提供元の出版社や団体と直接交渉して条件を確認し，直接契約することもできますが，法人クレジットカードでの支払や海外直接送金手続などが必要となるため，一般的には扱いづらい契約形態です。こうしたケースでは，新たに扱ってもらえるよう代理店に依頼してみるのもひとつの手段です。

3.6 支払手続を行う

　正式に契約が成立した後，学内の予算執行手続に必要な書類（紙／電子）を提供元または代理店に準備してもらうことになります。代理店からは，商習慣として「見積書」，「請求書」，「納品書」の3点セット（代理店の印鑑付き）が送付されます。海外の提供元と直接取引を行っている場合は，請求書（Invoice）が送付されますが，「印鑑」が押されていることはまずありません（日本に支社のある提供元の場合は，カタカナ社名の印鑑が付されているかもしれません）。

　海外電子ジャーナルに関しては，パッケージ契約であれ個別契約であれ，利用開始前に契約料金を支払うこと（いわゆる「前払い」）を要請されるケースが多いですが，利用開始後に支払うケースもあります。支払手続のタイミングは，大学側の事情にも鑑みつつ，提供元や代理店と時期を調整・交渉してみてください。

海外の提供元との契約に際し，代理店経由で支払手続を行う場合は，パッケージまたは個別タイトル利用契約の対価を円価（日本円）で支払います。円価の設定は，もともとの本体価格が円価で設定されている場合や，コンソーシアム提案で指定する期間のレートを適用する場合，入札時に代理店と協議してあらかじめレートを決定する場合，請求時に代理店の設定する為替レートで計算する場合など，状況に応じてさまざまに変化します。請求書発行のタイミングでレートを設定するのであれば，見積書とは請求金額が異なることもあります。

　見積を受領した段階にて，請求内容の内訳詳細を確認しているとは思いますが，請求書類にも同様に必要事項が記載されているかどうか，再度よく確認しなくてはなりません。2023 年 10 月からはインボイス制度が，導入される予定のため，請求書上への登録番号記載も必要になります。支払手続を行うに際しては，図書館側で書類を整えたのちに，大学学内の会計担当者に振り込みを依頼することになります。もしかしたら支払を依頼する段階の前に，振込先情報の学内登録作業をしておかなければならないかもしれないので（しかもその作業に意外と時間がかかったりする），請求書類が実際の処理フローに上がってくる前に確認しておくほうがよいでしょう。

　また，特に昨今の学内会計手続では，コンプライアンスの順守や税務処理の関係上，必要な情報や項目が増える傾向にありますので，気をつけたいところです。もしも請求書類の記載情報が足りない場合には，今後のためにも遠慮なく，なるべく速やかに作成し直してもらいます。一方の図書館側で

は，「どの部署のどの予算でこの契約に対する支払を行うのか」などを，学内の会計担当者へ確実に指示する必要があります。

　また学内での支払処理は，大学によって異なるものの，月末に振り込みを行うといったスケジュールが決まっていることでしょう。請求書を学内の会計担当者に扱ってもらうために，図書館内の総務担当部署などが月内締切日を設けているのであれば，それまでに書類を整えて提出しなければなりません。また実際に支払金額が振り込まれるのはいつになるのかも把握し，代理店の担当者に知らせておきます。

3.7 海外の提供元へ直接支払う

　大学の方針によっては，海外の提供元へ「直接送金」して支払手続を行うこともあります。「直接送金」とは，代理店を介さずに大学から直接，提供元の銀行口座に請求された料金を指定の通貨で振り込むことです。どの通貨で請求されていても，その「本体価格」を振り込むことになります。仮に，通貨設定がユーロやドルであった場合で，大学が円を使って指定金額を振り込むとするならば，利用した金融機関から振り込み時に適用された為替レートの連絡をもらうことができます。

　直接送金を行うメリットは，代理店を介する際に生じる手数料を支払う必要がなく，（為替の影響を直接受けるために）もしかしたら代理店経由で支払う場合よりも安価で済むかもしれないことです。一方でデメリットは，送金が実行されるまで事前に円価を知ることができないこと，為替状況によっ

ては代理店の設定円価よりも高額になってしまうこと，銀行に対して支払う手数料が1件あたり千円〜数千円程度生じること，代理店に送金を依頼するよりも手続に手間がかかる（かもしれない）こと，支払のタイミングが年初に固定されてしまいがちであること（代理店経由の場合は，代理店が送金のタイミングを調整してくれているケースが多い），大学側に海外直接送金できる体制が整っていないとできないこと，などです。

「手数料」と引き換えに，「海外送金や条件確認（場合によっては交渉）などのいろいろ面倒なことをやってくれて，支払の時期もある程度調整することが可能で，しかも確実に日本語が通じる」ことこそが，この局面における「代理店のサービスを利用する意味」なのですから，逆に直接送金を行って得られるメリットが，代理店を利用して得られるサービスの価値に劣るならば，代理店経由で支払ったがほうがよいということになるかもしれません。特にここ数年の為替レートは乱高下を繰り返しているため，支払価格の予測は容易でなく，ほとんどギャンブルに近いありさまになっています。安易に「海外送金」を選択しても，支払を実行するタイミングによっては大きな損失を被りかねませんから，大学にとってどちらが有利なのか，お金の面だけではない部分を含めた損益をよく考えて，どういった手段で支払手続を行うべきかをよく確認することが大切です。

「直接送金」とは方法が異なりますが，海外の提供元へ直接支払を行う手段として，クレジットカードによる決済を導入している大学もあります。クレジットカードで手続を行う場合は，銀行での送金手続や手数料などが必要ないうえ，支

払時点での通貨レートが適用されるので，実際の円価支払額が銀行送金よりも読みやすいという利点があります。ただし，学内で「法人クレジットカード」の運用を行っており，かつ，海外の提供元が代理店経由ではなく図書館からの直接支払を許可していることなど，いくつかの条件が必須であるため，実現へのハードルが高いのが難点です。

　なお，支払手続を行うことは，図書館内の予算管理を行うこととセットになります。代理店経由，直接送金にかかわらず，支払手続を済ませたら，「どの予算をいくら使って，残りはどの程度あるか」を確認して記録します。電子ジャーナル用の予算項目が独立しているのならば，単純にその予算から支払った金額を引いていけばよいのですが，冊子版の雑誌や各種データベースなど，異なる媒体と同一の予算項目で支払う場合には，電子ジャーナル類に対して支払った価格が後からでもわかるように，データに対してなんらかの識別子を追加しておくとよいかもしれません。年度末の統計集計や，年度が改まってからの各種調査依頼に対応する際に役立ちます。

3.8 契約期間と決算処理

　ところで，提供元または学内の方針により，どうしても「1月〜12月の期間（暦年）で契約を結ばなければならない」場合があります。電子ジャーナルを4月〜3月の期間（学校会計の年度）で契約する場合には，学内で支払処理を行う際に「年度をまたがない」ため，大学側にとっては特に問題とはな

りませんが，暦年で契約する場合，そのままでは日本での「年度対応」に当てはまりません。そのため，学内での支払手続に際してはなんらかの特別処理を行う必要性が生じ，提供元や代理店の多大な協力を得なければならなくなります。

　代理店と相談して支払方法や時期を考えることもあれば，前年度の予算で1年分を支払い，年度始めに学内で予算の「振替処理」を行うこともあります。さらに，電子ジャーナル購入予算で手数料や消費税分まで支払っていたものを，年度末に正しい予算科目（「支払手数料」や「税支払」に相当するもの）へ振替処理を行うといったこともあるでしょう。こうした処理も大学によって方針が異なりますので，契約期間と支払金額に対する予算対応についても整理しておきます。

3.9 契約情報を管理する

　ここまできてようやく，発注から契約・支払までのプロセスを終えることができました。でも，一息つく前にやってしまわなければならないことがあります。それは「契約情報を記録・管理する」ことです。

　電子ジャーナルの各契約の内容はそれぞれ異なっているはずなので，何も記録がないままでは，これから利用していくための設定を行うときや，これまでの利用を振り返るときに支障が生じかねません。発注・契約・支払の各段階では，それぞれに「いつ」，「どの提供元に」，「どういう条件で」，「どれくらいの価格で」，「どの予算で」といった情報が付随していました。手続をこなすのに精いっぱいで，そうした情報をまとめて記録するのをすっかり忘れていた！　ということがな

いように，これまでさんざん確認してきた各種情報を，あとからきちんと取り出せる形で管理しておきましょう。

とりあえずは，以下の項目を参考にして表計算ソフト（Excel など）でファイルを作成し，情報を整理してみてはいかがでしょう。すでにそうした形で管理されているならば，足すべき情報があるかどうか確認してみてください。

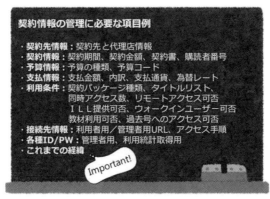

図22　契約情報の管理

・契約先の情報（提供元の会社・団体，代理店名，住所／電話番号／メールアドレス／担当者名，支払口座情報，インボイスの登録番号など）
・契約情報（契約開始年月，契約期間，契約金額，アグリーメントまたは契約書作成日と保管場所，購読者番号など）
・支払・予算情報（予算種類／予算管理コード，支払金額と内訳，支払通貨や為替レート情報，支払手続の日付など）
・利用条件（パッケージ名，同時アクセス数，リモートアク

セス・ILL 提供・ウォークインユーザー利用・教材利用の
可否，永続アクセス権の有無とその期間，タイトルリスト
など）

・各種接続先（利用 URL，管理者用 URL，利用統計取得用
URL など，アクセス手順の案内など）

・管理者用 ID/ PW（画面設定や利用者確認，利用統計取得な
どのための管理サイトへのログイン用）

※これらの要素をひとつのシートや表にすべて記載すると，
それだけで膨大な量の情報になるため，利用可能な個別タ
イトルの情報などは，必要に応じて別ファイルへ参照させ
ることなども有効です。

3.10 契約の経緯を残す

　契約の記録を作成する際に，その「経緯」を記しておくこ
とはとても大切です。「どうしてこの契約をすることになっ
たのか」,「いつ条件を変更して契約したのか」,「特定の年（年
度）に価格が突然上がったのはどういう要因によるのか」,「ど
ういう経緯で購読を中止したのか，さらにその後契約を復活
したのはなぜか」,「この年に代理店が変わったのはなぜだっ
たのか」といった事情を契約ごとにメモしておけば，他の契
約を行う際の参考になり，今後の業務重複やトラブルを未然
に防ぐことにもつながります。また，学内でこれまでの経緯
を説明しなければならない状況に陥った際にも役立つかもし
れません。

　自分の記憶などたいしてあてにならず，メールのやり取り

はいつか失われるものです。そうしたことを前提に，時間を見つけて地道な記録を取り続けることをおすすめします。明日異動指示が出てしまうかもしれないことを想定しつつ，「自分が担当を離れることになっても，すぐ後任に引き継げる！」という状態にしておくことが理想です。

　実は，「こうした管理情報の蓄積には，どのような手段がいちばんよいのか？」という問いへの正解は出ていません。多くの大学では，書類を時系列でファイルしておくとともに，Excel を使って契約に関する各種項目を管理しています。契約数が少ないうちはそれでもよいのですが，年を重ねて契約数が増え経緯も複雑になってくると，Excel の項目やシート数が増大し，なかなか管理が行き届かなくなるのが現状です。自力で独自データベースを開発したり，図書館システムに含まれる受入モジュールの一部と Excel ファイル・紙ファイルを併用して情報を管理したりする大学もあります。大規模な大学の一部では，海外企業から提供される商用の ERMS（Electronic Resources Management System：電子資源管理システム）や，LSP（Library Service Platform：図書館サービスプラットフォーム）を契約し，その中に含まれる電子リソース管理のための機能を運用しているケースもあります（有料）。
　昨今は，図書館システムのクラウド化やディスカバリーサービスの普及など，全体の動きがきわめて流動的なご時世です。自大学の状況に合った契約情報の管理方法を選択していくことができるように，大学図書館の関連団体で進められているプロジェクトや海外動向などを定期的にチェックしてみてはいかがでしょうか[1]。

注

1）たとえば，「これからの学術情報システム構築検討委員会」では，電子リ
ソースの管理業務についても検討を行い，2022 年度より「電子リソースデ
ータ共有サービス」の機能の一部として，JUSTICE が合意した電子ジャー
ナルパッケージのライセンス条件やタイトルの情報を加盟機関向けに提供
開始しています。また，Library Technology Guides, Library Technology
Reports などには，海外の最新動向に関する情報が掲載されています。

これからの学術情報システム構築検討委員会

　　https://contents.nii.ac.jp/korekara

Library Systems Report（American Libraries）2022 年の例：

　　https://americanlibrariesmagazine.org/2022/05/02/2022-library-systems-report/

Library Technology Guides

　　https://librarytechnology.org/industryreports/

Library Technology Reports（ALA）

　　https://journals.ala.org/index.php/ltr/issue/archive

4章 設定しよう

この章では，電子ジャーナルを利用するための環境整備や各種設定，運用方針などについて解説します。

4.1 利用環境を整備する

選定・決定・契約・支払を終えても，まだまだやることは盛りだくさんです。せっかく契約した電子ジャーナルですから，利用者に使ってもらえなければ何の意味もありません。使ってもらうために，まずはアクセスできる環境を整備する作業を行っていきます。

(1) アクセスを確認する

提供元または代理店より，アクセス開始のスケジュールについて連絡があったら，学内の利用者がスムーズに利用できるよう，環境整備に着手します。

IP アドレスによる接続を行うのであれば，発注時に大学からのアクセスに必要な情報を伝えてありますから，指定された接続先 URL を通じて，学内のキャンパスから実際に電子ジャーナルの各号にアクセスできているかを確認します。たまに「指定した IP アドレスが実は設定されていなかった」，あるいは「設定したつもりで失敗していた」というケースが

あるので，ゆめゆめ油断せず，場所ごと（キャンパスごとなど）に確認していくとよいでしょう。

　学認や eduGAIN を経由してアクセスできるのであれば（コラム f を参照），IP アドレスの設定は必要ありませんが，提供元と大学のネットワーク側でそれぞれ必要な設定を行っておかなくてはなりません。きちんと学認の ID でログインができているか，電子ジャーナルのシステム側に大学名が表示されているか，などをチェックしてください。

　さらに，1 名～数名までの同時アクセス数が指定されているのであれば，複数の端末を利用して，アクセス数の上限まで利用できているかどうかも確認するとよいでしょう。

(2)　個別タイトルをアクティベートする

　パッケージ契約の場合，提供元の作業により，契約上含まれているタイトルのすべてが利用できるようになるため，各タイトルをいちいち確認する必要はありません。しかし，個別タイトルを契約する際は，「アクティベート」(activate) という作業が必要になる場合があります。

　アクティベートとは，提供元や代理店から個別タイトルごとに配布される「購読者番号」，「Reference Number」といった番号を取得し，プラットフォームの管理画面にその番号を入力することで，契約する巻号へのアクセスを可能にする作業のことです。アクティベートを行う際には，利用キャンパスのすべてを示す IP アドレスの範囲を，担当者が自ら（あるいは提供元）が入力して設定します。提供元でアクセス設定してくれた場合でも，自分でアクティベート作業を行った場合でも，設定が終了したら，利用可能としたそれぞれのキャン

パスからきちんとアクセスできているか（開通しているか）を確認してください。たとえ前年も同様に契約していても，新しい年になって新たな番号が発行されたので再度登録をし直す，というケースもあります。大学側のアクティベートを必要としない個別タイトルもありますが，提供元の更新手続の都合により，一時的にアクセスできなくなってしまうこともよくあります。

　いずれにせよ毎年1月から3か月程度は，個別タイトルへのアクセスが不安定になる傾向が非常に強いため，今年契約している個別タイトルのリストとその URL をひとつひとつにらみ，一定期間を設けながら（たとえば「2週間ごと」など）各タイトルの開通具合を確認する必要があります。問題なくアクセスできているタイトルあり，1月はアクセスできていたのに2月になったらダメになったタイトルあり，2週間前はダメだったけど今日になったらふつうにアクセスできてしまったタイトルあり，など沸き起こる事象はさまざまで，かつ原因もそれぞれです。

　アクセスができないのには，「提供元によるアクセス設定ミスが生じている」，「大学側でアクティベートしなければならないのに番号情報が届いていない」などの理由が考えられます。あきらかに問題が起こっていることが確認できたら，代理店を通じてことの解決を要請しなければなりません。

　ただ，こうした問題が生じるたびに，複数の代理店や出版社へ五月雨式に連絡していると，「いったい私は今現在，どこの何を誰に対してどうしてほしいと依頼しているのか？」が混乱してわからなくなる恐れがあります（筆者経験済み）。定期的に確認→ある程度継続している問題を Excel などでリ

ストにまとめてから，状態管理ができる形で調査を依頼して
みることをおすすめします。至急の場合は都度対応も致し方
ありません。

(3) 利用環境設定のあれこれ

　学内各所から電子ジャーナルに無事にアクセスできること
が確認できたら，次に利用環境を設定していきます。これら
の作業は，関係する各部門のスタッフの協力を得て行いまし
ょう。以下の 8 つの側面から考えてみます。

① 電子ジャーナル利用画面の設定

　大手出版社やアグリゲータのパッケージであれば，利用者
が電子ジャーナルを閲覧する際の利用サイトとは別に，管理
サイト（"Administrator Site"や"Librarian's Corner"といった名
前がついています）がプラットフォーム上に提供されていま
す。管理サイトにログインするためには ID/ PW などが必要
ですが，そうした情報は契約時に連絡があったはずです。

　提供される機能はプラットフォームによって異なりますが，
たいていの管理サイトでは，検索画面のレイアウト，言語設
定（画面内の表示言語を日本語にするか，英語にするか），大
学ロゴの表示といった調整や，利用統計の取得などを行うこ
とができます。大学 OPAC や契約中のリンクリゾルバ，ディ
スカバリーサービスの URL と，それらのリンクを利用画面
に示すボタンの画像などを登録することができるようになっ
ている場合もあります（コラム e を参照）。個別タイトルにつ
いては管理サイトが提供されていないことも珍しくありませ
んが，そうしたケースでは提供元に調整を依頼すれば各種設

定を（先方が）行ってくれますので，提供元に直接，あるいは代理店に調整方法を確認してみてください。

②　電子ジャーナルリストの作成と登録

　利用できる環境を整えるにあたって考えるべきは，「利用者にどうやって電子ジャーナルを見つけてもらうか」です。理想としては「必要なときに (just in time)，どこからでも (from anywhere)」なのですが，さしあたりやらなければならないことは，せっかくアクセスできるようになった電子ジャーナルタイトル群への無数のリンクを，ウェブサイト上の，利用者から見ることができ，かつ使いやすい場所にわかりやすく置いておくことです。要するに，それぞれの電子ジャーナルへのアクセスリンクを示した「タイトルリスト」を作成して，

図23　電子ジャーナルリストの画面例（慶應義塾大学，2017年3月現在）
※2023年現在，慶應義塾大学では AtoZ リストをディスカバリーサービス内に組み込んでいます。

図書館のウェブサイトに掲載するという作業です。

　「タイトルリストの作成」と簡単にいってはみたものの，提供する電子ジャーナルのタイトル数が数百程度ならともかく，千タイトル以上になってきた場合，毎年毎年これらのタイトルのリンク先をメンテナンスして，年途中での変更などに人力で対応することは，かなり無謀な作業です。そんな事情で，アクセスできるタイトル数が多い大学では，「AtoZ リスト」といわれる便利なツールを導入しています（コラム e を参照）。「AtoZ リスト」を使ってできあがったリストの URL を図書館のウェブサイト上に掲載すると，タイトルリストができた！ ということになるわけです。

　ツールの利用は，管理者と利用者の双方にとってたいへん便利ではあるのですが，契約するにはそれなりの予算が必要であることが問題となります。図書館側が「どこまで利用者にサービスしたいか」にもよりますが，電子ジャーナルを契約するための予算が削減されている中で，環境整備のためのシステムを契約することが難しい場合もあるでしょう。提供しているタイトル数が多い場合，人力メンテナンスの作業時間やコストと比較して，ツールを利用するメリットがありそうであれば，新たに契約することを検討してみる価値はあります。ただし見積をとってみて，効果が価格に見合いそうになければ，手仕事で頑張る方針をとるという選択肢も「あり」です。

③　リンクリゾルバの設定

　「リンクリゾルバ」を契約している場合は，その設定も必要となります。コラム e にもあるように，リンクリゾルバは

AtoZ リストのサービスとセットになっているケースがほとんどです。リンク機能を有効にする際には，リンクリゾルバ側の管理画面での設定のみならず，同時にリンクリゾルバを機能させたい契約データベースや各種検索システム（PubMed, Google Scholar など），電子ジャーナルシステム側の設定が必要です。また，電子ジャーナルへのリンクやサービスへのナビゲーションを含むウインドウ（「中間窓」と呼ばれます）に表示する文言や画像の配置なども設定しなくてはなりません。

図24　リンクリゾルバの「中間窓」の画面例（慶應義塾大学，2017 年 3 月現在）
※ 2023 年現在，慶應義塾大学ではリンクリゾルバ機能をディスカバリーサービス内に組み込んでいます。

AtoZ リストとリンクリゾルバとディスカバリーサービス

　電子ジャーナルを利用してもらう際に，電子リソース（主に電子ジャーナル）の発見性を高め，利用を促進するツールを紹介します。

【AtoZ】（エートゥズィー）

　「タイトル単位」で利用可能な電子ジャーナルのウェブサイトなどを示してくれるシステムです。自機関で契約している，あるいはオープンアクセスで公開されている電子ジャーナルのタイトルリストを作成できます。管理画面で契約電子ジャーナルのタイトルやパッケージをあらかじめ登録することで，AtoZ のリストが生成されます。利用者は図書館ウェブサイトにリンクされた AtoZ リストから，利用したい電子ジャーナルのウェブサイトにたどり着くことができます。リンクリゾルバのシステムとセットになっています。

【リンクリゾルバ】

　「論文単位」で利用可能な電子ジャーナルのウェブサイトなどを示してくれるシステムです。利用者は Web of Science などの論文情報データベースから，リンクリゾルバを経由して論文にたどり着くことができます。データベースの検索結果の画面に表示されたリンクリゾルバのリンクボタンから，論文へのリンク画面を出すことができます。論文全文が利用できない場合，ILL（図書館間相互協力）への誘導などを行う文言やリンクも提示します。管理画面にて，自機関が契約している電子ジャーナルのタイトルやパッケージをあらかじめ登録したのち，各論文情報データベース上にリンクリゾルバへの誘導リンクを設置することで，リンクリゾルバが機能します。システムによっては，Google Scholar 上に設定することも可能です。代表的なリンクリゾルバとして，SFX，360 Link（いずれも Ex Libris），LinkSource（EBSCO）などがあります。AtoZ のシステムとセットになっています。

　多くの場合，AtoZ やリンクリゾルバの設定画面に含まれ

る電子資料の情報（メタデータ）は、「ナレッジベース」（Knowledge Base: KB）と呼ばれるデータベースによって管理されており、ひとつのナレッジベースを管理することで、リンクリゾルバの機能とAtoZのリスト作成を同時に実現できるシステムになっています。ナレッジベースは、こうしたシステムを提供する民間企業のほか、日本を含む各国の非営利団体によってもメンテナンスされています。ナレッジベースについての詳細は、巻末の参考文献を参照してください。

【ウェブスケールディスカバリーサービス（WSD）】
　自機関で利用可能な学術情報を一括検索できるシステムです。単に「ディスカバリーサービス」と呼ぶこともあります。自館の所蔵情報と同時に、ウェブ上のさまざまな学術情報を検索できるようあらかじめ収集／設定することにより、利用者が即時にさまざまな検索結果を得ることができるようになっています。「タイトル単位」でも「論文単位」でも検索できるように設定することもできます。代表的なウェブスケールディスカバリーサービスとして、Primo/PrimoVE、Summon（いずれもEx Libris）、EBSCO Discovery Service（EBSCO）、WorldCat Discovery（OCLC）などがあります。ディスカバリーサービスについての詳細は、巻末の参考文献を参照してください。

　こうしたシステムは有料のサービスであるため、利用するためには別途契約が必要となります。各社との契約価格は、登録する電子ジャーナルの数や大学の規模により決定されます。最近では、AtoZリスト、リンクリゾルバの機能が、統合的な図書館サービスプラットフォーム（LSP）に含まれて提供されることがあります。ディスカバリーサービスとの組み合わせも可能となり、中間窓を経由せず、ワンクリックでリンクやライセンス条件を表示するなどの機能も実現されています。

④　OPACへの登録

せっかく電子ジャーナルを契約したのだから、図書館が提

供している OPAC でもそれらの情報を検索することができるようにしたいところです。しかし，自館の OPAC 上に契約電子ジャーナルの書誌情報を示すためには，やや面倒な作業が必要です。というのも，OPAC には決まった形式（MARC フォーマット）の書誌データ（NACSIS-CAT/ILL 準拠のデータや，海外標準の MARC21 データなど）を登録する必要があるため，電子ジャーナルのタイトルについてもこれらのデータを調達しなければならないからです。

　大手の海外出版社であれば，提供しているタイトル群の MARC データを無料で提供していることがありますし，リンクリゾルバのシステムを契約している場合は，登録した電子ジャーナルの MARC データを生成してくれる機能が利用できることもあります。しかしいうまでもなく，海外電子ジャーナルのデータ形式は「海外仕様」なので，自館の OPAC が読み込める形式に変換しなくてはなりません。さらにそのデータを流し込んで登録する作業を行わないと，OPAC 上で検索させることができません。

　契約している電子ジャーナルの数が少ないうちは，②で作成するような「電子ジャーナルリスト」を併用／参照してもらうことでなんとかなるかもしれません。また，自館 OPAC に適合するデータを手づくりする方法もないわけではありませんが，仮に電子ジャーナルをパッケージで契約しているのならば，数十件から数千件の範囲でデータが必要になりますので，あまり現実的とはいえないでしょう。となると，自館 OPAC における電子ジャーナル検索の実現は難しい状況となる可能性もあります。OPAC から電子ジャーナルを検索できるようにするには，書誌情報を管理している目録担当者，シ

ステム担当やシステムを提供している委託業者などと協力して設定や作業を行わなければならず，電子ジャーナルの契約担当者だけでは手に余ることも考えられます。関係部署のスタッフとよく相談して方向性を決めてください。なお 2023年 3 月 30 日に，国立情報学研究所（NII）が，目録所在情報サービスの刷新を通じて，書誌データのフォーマットをMARC21 と相互運用性のある形式で保持することを発表しています[1]。将来的に，自館の OPAC に MARC データを登録できるようになるかもしれません。

⑤　ディスカバリーサービスへの登録

「ディスカバリーサービス」は，AtoZ リストやリンクリゾルバとは別個のサービスです。このサービスを契約している場合もまた，管理画面で契約情報（電子ジャーナルやデータベースなど）を登録し，リンクリゾルバの機能と接続させる設定を行う必要があります。

ディスカバリーサービスが持つデータの内容をどこまで利用者に提供するかは，図書館の方針によりそれぞれです。契約しているリソースだけに限っている図書館もあれば，収録されているデータを限りなく広く表示している図書館もあります。したがって，自館は「誰に対して，どういうサービスをしたいのか」という方針を明確にしたうえで，その方針に沿った設定を行うことが望ましいといえます。

ディスカバリーサービスは，提供システムの作成会社が自前のナレッジベースを整備・維持しているため，（OPAC とは異なり）図書館側で書誌データを流し込むような作業は不要ですが，設定後に各種リンクがきちんと示されているか，正

しい情報に飛ぶことができているかなど，設定後の動作はやはりきちんと確認しなくてはなりません。

⑥　リモートアクセスの設定

昨今では，必ずしも電子ジャーナルが学内のみで利用されるとは限らず，特に新型コロナウイルス感染拡大以降は，自宅や出先から電子ジャーナルにアクセスしたいという要望が高まっています。学内からアクセスできる環境が整ったら，次は学外からアクセス（リモートアクセス）するための設定を行いたいところなのですが，そのために確認しなければならないことが2点あります。

第一には「大学にリモートアクセスを提供できる環境があるか」，そして第二には「電子ジャーナルをリモートアクセスが可能な条件で契約しているかどうか」です。そもそもリモートアクセスのサービスを行うには，学外の環境から大学の学内ネットワークにアクセスできるためのなんらかの認証システムが整っていて，大学の所属者が各々でそのためのアカウント（ID/PW）を持っていることが必須条件です。もしも認証システムが整っていない場合には，大学のネットワーク担当者に今後の構築予定について尋ねてみてください。

また，契約している電子ジャーナルについて，提供元が「リモートアクセスの許諾」を出していることも不可欠です。わからない場合は，アグリーメント／契約書およびコンソーシアムへの提案書などの記載を調べて，その「可否」を確認します。もしも個別タイトル契約で，提供元のウェブサイト上に Terms of Use（利用規約）などが見当たらない，もしくはリモートアクセスに関する記載がないのであれば，提供元ある

いは代理店に可否を確認してください。上記の2つの条件：「認証システム」と「リモートアクセス許諾」が揃ったところで，ようやく学外からのアクセスが実現可能となります。

リモートアクセスを設定する方法は，大学の環境や採用している認証方法によって異なります。専用のサーバに対して特別な設定を行わなければならない場合は，リモートアクセスの対象となる電子ジャーナル類のURL情報を整備して，それらの情報を基にネットワークやシステム担当者に登録作業をしてもらうなどの必要が生じます。反対に，「学内ネットワークにアクセスしてしまえば普通にアクセスが可能」という状況なのであれば，特に設定作業を行わなくてよいケースもあります。

学内の認証環境が整っていないために，どうしてもリモートアクセスのサービスを提供できない場合もあると思います。電子ジャーナルを提供するシステムによっては，「キャンパスが提供するネットワーク上で電子ジャーナルへアクセスして個人用のID/PWを取得すれば，そのアカウントを利用してリモートアクセスが可能になる」，「キャンパスが提供するネットワークからGoogle Scholar経由で電子ジャーナルへアクセスすると，所属大学の契約情報と紐づけられてリモートアクセスが可能になる」（コラムfを参照）場合などがあります。システムごとにどのようなサービスが可能なのかを確認して，そうした個別のサービスを案内することも検討してください。

コ ラ ム f

リモートアクセスもっと

　キャンパス外（学外）の環境から，契約電子ジャーナルの本文を閲覧する（＝リモートアクセスする）ためには，電子ジャーナルの提供元に対して，利用者が「契約している大学の所属者」であることを証明しなければなりません。電子ジャーナルへのリモートアクセスサービスでは，主に以下に示す方法を用います。電子ジャーナルの提供元は，これらの方法を通して，利用者が契約機関のネットワークにアクセスできる権利を有していることを確認，または利用者が確実に契約機関に所属していることを認証します。

1. VPN による認証

　認証情報を暗号化する技術などを利用して特定のネットワークにアクセスする方法。すでに導入されていれば，図書館側が特別なことを行う必要はありません。通信方式にはいくつかの種類があり，その方式に応じて利用者が各自で利用端末の設定をしなければなりません。電子ジャーナル提供側の環境が合わず，ウェブサイトにアクセスできない，コンテンツ検索ができないなどのケースがたまに出ます。

2. プロキシサーバを利用した認証

　認証時に専用プロキシサーバ（「EZproxy」，「RemoteXs」など）を経由する方法。学内認証システムと組み合わせて，電子ジャーナルへの安全なリモートアクセスを実現します。大学側の環境や契約条件に沿った設定が可能で比較的扱いやすいのですが，提供側の変化に対する都度調整が必要です。
参考：https://www.oclc.org/ezproxy.en.html
　　　https://eclateng.com/remotexs

3. 「学認」による認証

　正式には「学術認証フェデレーション」。大学側と電子リソースを提供する団体側でポリシーを確認しあうことで，認証を可能とする方法。シングルサインオン（SSO：ひとつのID/PW のみで複数システムを連携させるしくみ）を実現す

ることができます。また，より簡便に参加可能な「eduGAIN」を利用することもできます。キャンパスの IP アドレス（場所）に縛られず，学内ネットワークを経由せずにリモートアクセスを実現できますが，必ずしもすべての出版社や団体が対応しているわけではないため，2. を併用して利用する大学もあります。なお，同じ SSO を実現できる商用サービスのひとつである「OpenAthens」も，「学認」と併用しての利用が可能です[2]。

参考：https://www.gakunin.jp/
　　　https://www.gakunin.jp/join/eduGAIN
　　　https://www.openathens.net/

4. Google Schloar を経由した認証（Google CASA：Campus Activated Subscriber Access）

　キャンパス内ネットワークから Google Scholar を経由して電子ジャーナルシステムにアクセスすることで，キャンパス外からの認証が有効になる機能です。ただし，Google CASA を利用したい場合は，契約しているリンクリゾルバの設定を通じて，Google Sclolar 側に自機関の情報を登録しなければなりません。大手の電子ジャーナルプラットフォームはたいてい対応済みのため，「認証システムがないのだけれど，リンクリゾルバは契約している」という機関にとっては有効な方法かもしれません。もちろん，1〜3 の方法を利用している機関もこの方法を活用することができます。

参考：https://scholar.google.com/intl/en/scholar/help.html#access
　　　https://scholar.google.com/intl/ja/scholar/libraries.html

　もし現在，図書館としてリモートアクセスサービスを提供していない場合は，学内ネットワーク管理を担当する部署に，「学外から学内ネットワークにアクセスできる手段を提供しているかどうか」を確認してみてください。大学全体のポリシーにより，学外からのリモートアクセスがまったく許可されていない状況にあっても，「契約中の電子ジャーナルやデータベースなどを学外から利用したい！」という利用者の声が大きい場合は，その旨を担当部署に伝えて，なんらかの環境を整えてもらうよう要請する必要があるかもしれません。

⑦　ウォークイン端末の提供

　大学図書館は，物理的に館内にいる一般入館者（大学に所属していないが，図書館への入館を許可された者）を「ウォークインユーザー」として扱い，電子ジャーナルへのアクセスを許可することができます。もし，そうした方針を持つのであれば，サービスを開始するにあたって，関係各所と運用方法を詰めなくてはなりません。まずは，PC管理者やネットワーク担当者とも相談したうえで，ウォークインユーザー専用のアカウントや機材を調達・準備する必要があります。

　専用機材を用いたうえで，ネットワーク経由のアクセスを物理的に制限し，「ウォークインユーザーの利用が許可されている電子的なリソースだけ」に限定できる環境が整うのであれば問題はありません。しかしたいていの場合，そうした環境を提供することは技術的に難しいと考えられるので，利用可能な内容を説明してサインを求める，専用端末のブラウザ上で「許可されていないコンテンツ」へのリンクを隠す，スタッフの目の届くところで利用してもらう，といった工夫で運用することも検討します。

⑧　「オープンアクセス雑誌」の扱い

　「契約はしていないが，オープンアクセスで自由に論文全文を読むことができる電子ジャーナル（オープンアクセス雑誌）」（コラムaを参照）についてはどうしたらよいでしょうか？　オープンアクセスのタイトルが急増している現在，契約している電子ジャーナルのタイトルを各所に登録して利用してもらうだけでは，もはや不十分となりつつあります。

　もしもAtoZリストやリンクリゾルバを契約しているので

あれば，オープンアクセス雑誌の情報も，システム内のナレッジベースに収録されていますので，契約している電子ジャーナルと同様に登録して表示させることができます。いくらナレッジベースといえ，全世界のオープンアクセス雑誌が網羅的に収録されているわけではないし，情報の即時性や正確性に難があることもあり，ナレッジベースに収録されているデータの質に過大な期待をかけることは禁物ですが，データの質や量はだいぶん改善されている傾向にあります。オープンアクセスへのリンクを正しく提供することができれば，利用者の利便性をかなり高めることができます。また，ディスカバリーサービスを利用している場合は，Unpaywall などの「オープンアクセスのリンクを即座に提供してくれるツール」[3] を設定できる場合もあります。

　ただし，管理上は「なぜその電子ジャーナルにアクセスできているのか（正しく契約しているからなのか，オープンアクセス雑誌だからなのか）」をはっきりわかる状態にしておいたほうがよいでしょう。実のところ利用者は，今必要な論文全文にアクセスできてさえいれば，それが大学で契約しているからなのか，それともそのタイトルがオープンアクセスだからなのか，あるいはその論文のみがオープンアクセスとして公開されているからなのか，あまり（まったく？）気にしてはいません。しかしトラブルが起こったときは別です。管理する側でその区別ができていないと，原因の見きわめや対応が困難になる可能性があります。

　なお，ここでいう「オープンアクセス雑誌」とは，タイトルそのものがオープンアクセスとして刊行され，掲載されている記事がすべてオープンアクセスであるものを指していま

す。購読が必要なタイトルであっても，著者がオープンアクセス用の費用を支払った場合にその論文をオープンアクセスとする仕組みを持つ「ハイブリッド誌」については，この議論に含めていません。「ハイブリッド誌」については，現状で論文単位でのオープンアクセス化情報までを管理統制して利用者に広報することができないこともあり，通常の「購読タイトル」として扱うことになります。

　時間はかかると思いますが，ひととおりこれらの設定や登録を終えたら，再度動作を確認しましょう。利用ポイントを多く設定することで便利になる反面，確認作業も面倒になってしまうということは，認識しておいてください。最初はなかなかうまくいかないこともありますので，トライ＆エラーを繰り返しながら進めます。

4.2 利用資格を整理する

　電子ジャーナルにアクセスできる環境が整っても，すべての大学関係者がその恩恵にあずかれるわけではありません。アグリーメント／契約書上の「認定される利用者」が，学内のどのような所属，身分（学部生・院生など）を指しているのかについては，契約時に確認してあると思います。この段階では，あらためてその種類別に（契約別ではなく），「学内で電子ジャーナルを利用できるのは誰なのか」，さらに「リモートアクセスを利用できるのは誰なのか」を整理しておきます。
　たとえば，とある電子ジャーナルのパッケージ契約における「利用者」の定義が，仮に「大学の正規課程に在籍する学

生および大学と雇用関係にある常勤／非常勤の教職員，および大学に所属しないが図書館により認定されて入館した一般利用者」というものであったとします。となると，大学と直接の雇用関係がない業務委託のスタッフや，学内で正式な身分を付与されていない一時的な共同研究者，そして卒業生などについては，「一般利用者」に含まれるかもしれません。こうした「一般利用者」にも，図書館の許可を得て入館し，館内にいる限り，学内で認証されたネットワーク上で電子ジャーナルを利用することができる許可が（ものによっては）与えられています。

しかし，通常これらの人々は学内ネットワークに入るためのアカウントを所持していないことが多いので，そのままでは電子ジャーナルを使うことができません。提供元の方針によっては卒業生を正規利用者と見なす場合もありますが，その場合も大学側で卒業生に対してなんらかのアカウントを発行し，学内ネットワークにアクセス可能な体制を整えない限りは，やはり電子ジャーナルへのアクセス環境を提供することができません。さらに非常勤の教員や一部（科目等履修や，通信教育課程など）の学生に対しては，大学側の管理ポリシーにより，リモートアクセス用のアカウントを発行していないこともあるでしょう。

こうした「ネットワークにアクセスできないけれども，電子ジャーナルを使いたい利用者」に対しては，前節で確認したウォークインユーザー用の端末やプリンターの整備を通じて，その端末からアクセスできるような環境を提供するといった解決策を講じることを考えなければなりません。そうすれば，少なくともキャンパスに滞在している間は，常勤教員

や正規課程の学生と同様に、電子ジャーナル類を利用できる状態になります。ただし、電子ジャーナル類（あるいはデータベース類など）を利用してもらうためには、前述したように、対象となる電子ジャーナル類について、「アグリーメント上でウォークインによる利用が許可されている」かつ「それらをウォークイン利用できることが利用者とスタッフに明確に表示できている」ことが必要です。

　大学図書館には実に多様な身分や所属の利用者がいます。そのため、そのひとつひとつについて享受できるサービス（貸出可否、貸出／更新期間、延滞対応など）を規定している図書館は多いと思われます。館内にある冊子版の雑誌だけでは利用者ニーズに応えることが困難となりつつある中で、大学に所属しない「一般利用者」による電子ジャーナルなどへのアクセスは、いよいよ重要になっていくと考えられます。ウォークインによる利用可否と、可能であればそれがどのような形で提供されるかについては、所属や身分別の表などを作成して、各利用者への対応を整理しておくことをおすすめします。各種の利用者が受けることができるそれぞれのサービスについては、サービス部門の担当者のほうがより詳しいかもしれませんので、こうした対応を整理する際には協力を依頼してみてください。

4.3 ILL の提供方針

　加えて、「電子ジャーナル収録論文の複写依頼（ILL）」に対してどう応えるのか、ということについても考えておくべきです。AtoZ リストを学外からも見えるように公開していた

り，CiNii Books や自館の OPAC で契約電子ジャーナルのタイトルが検索できるように設定していたりする場合，学外の大学図書館から複写依頼を受けることは容易に想定できます。もちろん依頼を受けてから確認を開始するということも可能です。しかし，あらかじめ方針とやり方を確認しておけば，対応をスムーズに行うことができます。ここでは，以下の2点について確認します。

（1） ILL の提供方針

電子ジャーナルについて，学外からの「ILL による複写提供依頼」は受ける方針でしょうか。であれば，そのための体制は整っているでしょうか。「ILL による複写提供依頼」を受ける方針にした場合，複写対象となるモノが「電子」となるため，わざわざ現物からコピーを作成しなくてよくなり，業務の時間短縮を図れるというメリットが生じます。今後，他の大学へ電子ジャーナルの複写依頼を行う回数が多くなりそうなのであれば，互恵という意味でも「依頼を受ける」方針を持つことを検討してみましょう。

ただし，電子ジャーナルへのアクセス権を多く有する大学であっても，しばしば「電子ジャーナルの複写提供依頼は受けない」という方針を持っていることがあります。謝絶する理由は，「対象が多すぎてパッケージやタイトルごとに可否を確認しきれないため」，「複写依頼が集中し，他の業務に支障を来す恐れがあるため」，「複写業務を業者に依頼していて，電子ジャーナルのコピー作業を業務フローに組み込めないため」などさまざまです。

(2) ILL で提供可能なコンテンツと提供方法

　学外へ ILL で提供することが可能なコンテンツはどれで
あるか，またどのような形での提供が可能なのかを把握でき
ているでしょうか？　仮に学外からの ILL 依頼を受ける方
針とするのであれば，「契約している電子ジャーナルのどれ
が ILL 可で，ILL 不可であるのか」を区別する手段を持って
いなくてはなりません。さらに，ILL が可能であっても，「電
子ファイルでの提供は認めない。一度プリントアウトして，
紙の状態でのやり取りであれば認める」という方針を示す提
供元が多くあります。契約条件に合意している以上，その条
件に従って複写物を提供する必要があります。大規模な出版
社や学会であれば，ILL の可否に加えて，提供方法に関する
方針をアグリーメント／契約書や利用規約，コンソーシアム
提案書に明記しているので，確認することは比較的容易であ
るはずです。ただし，学会などが発行する個別購読タイトル
の中には，制限事項がおもてに現れにくく，あらかじめ提供
可否を確認しておくことが困難なものもあります。

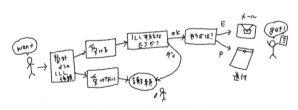

図 25　学外からの ILL 依頼

　いつやってくるとも知れない複写依頼のために，すべての
契約電子ジャーナルの規約をチェックしておくなどというこ

とは，時間の無駄かもしれません。とりあえず，コンソーシアムを経由したパッケージ契約の方針[4]をまず確認して表を作成し，その他の細かいタイトルは都度確認して表に追加していく，などの対応を検討するのがよさそうです。将来的に，契約条件の情報をなんらかの形で容易に確認・表示することができる環境が実現するまでは，Excel や紙のリストなどを駆使したマニュアルでの対応を検討してください。

　総じて，リモートアクセス，ウォークインユーザーによる利用，ILL といったサービスの可否については，契約パッケージや提供元ごとにまとめて一覧できるようにしておくと便利です。なお，利用しているリンクリゾルバやディスカバリーサービスによっては，そうした条件を登録しておくことで利用画面や管理画面に表示できる場合もあります。図書館の関連担当者のみならず，利用者も提供ポリシーを確認できる状態にしておければ，なおよいでしょう。

注

1）国立情報学研究所 "大学図書館等の目録所在情報サービス（NACSIS-CAT/ILL）　新システムでメタデータの国際流通へ新たな一歩をふみだす"（2023. 3. 30. ニュースリリース）

https://www.nii.ac.jp/news/release/2023/0330.html

2）シングルサインオンを通じてフルテキストへアクセスできる仕組みとして，ほかにも GetFTR（Get Full Text Research），SeamlessAccess といったサービスがあります。

GetFTR　https://www.getfulltextresearch.com/

SeamlessAccess　https://seamlessaccess.org/

3）2023 年現在，オープンアクセス論文をワンクリックで入手可能とする主
　要ツールとしては，Unpaywall, EndNote Clice があげられます。ブラウザに
　プラグインをインストールして利用します。

Unpaywall　https://unpaywall.org/
EndNote Click（旧名称：Kopernio）　https://click.endnote.com/

　なお，契約タイトルも含めて検索できる同種のツールとしては，Libkey,
Lean Library があげられます。

Libkey　https://libkey.io/
Lean Library　https://leanlibrary.com/

4）パッケージ契約の条件などは，大学図書館コンソーシアム連合（JUSTICE）
　の会員向けウェブサイト上で確認することができるほか，2023 年現在，「電
　子リソースデータ共有サービス」の機能の一部として，提供元から
　JUSTICE に提出された提案書に記載されたライセンス情報のうち，公開可
　能なものを加盟館向けに提供しています。

これからの学術情報システム構築検討委員会：ライセンス（JUSTICE）
https://contents.nii.ac.jp/korekara/libsysnw/e-resources/licenses-justice

5章 いざ利用開始

この章では，電子ジャーナルを利用してもらうための広報や，利用にあたっての注意点などを解説します。

5.1 広報して使ってもらう

新規導入した電子ジャーナルに対して，各種の設定・登録作業がある程度終了して利用環境が整ったら，実際に「使ってもらう」ための広報作業を開始します。設定・登録には時間のかかる作業もあるかもしれないため，すべての作業が終了する前でもかまいません。なにしろ電子ジャーナルには「かたち」がありませんから，ただ契約しただけでは，そのことをあらかじめ知っているスタッフや教員以外は「その存在に気づくことができない」という問題があるのです。「いついつからこのパッケージが利用できるようになった（なる予定）」，「こんなタイトルが追加された」，そうした情報をなんらかの形で，学内に散らばる利用者へ伝えなければなりません。

利用者ばかりではなく，同じ図書館内のスタッフにも周知する必要があります。特に，ILL やレファレンスにかかわる部署の，利用者に電子ジャーナルの存在を知らせたり使い方を教えたりといった業務の担当者は，契約パッケージの特徴や利用条件，アクセス方法，検索インターフェースなどをあ

る程度は知っておくべきでしょう。

　広報のやり方はいくつか考えられますが，学生・教職員，図書館スタッフそれぞれが受け取りやすい（目につきやすい）手段を利用する必要があります。なかでもいちばん効果があるのは，教員→学生への周知です。「大学における学び」の文脈に組み込まれた形で，教員から学生へ，研究や卒論に必要なリソースを案内してもらうことは，最も有効な広報手段になりえます。また，大きな契約条件の変更がある場合や，提供元の都合で提供システムが大幅に変更される場合なども，そうした点について広報することが望ましいですが，新規導入時ほどのレベルで大々的に行う必要はないかもしれません。以下，広報手段の例をいくつかあげてみます。

(1)　ウェブサイトでの周知

　手っ取り早いのは，図書館全体のウェブサイトにニュースとして掲載することです。加えて，AtoZ リストや契約データベースリスト上にも表示します。ただし，それだけでは利用者に気づいてもらえない可能性が大きいです（なんといっても，利用者は図書館のウェブサイトなどたいして見ませんから）。

　学内の利用者にとってインパクトがありそうな，大きなパッケージ契約を周知したい場合は，大学のニュースサイトに掲載してもらうのもよいでしょう。また，学内に教職員用／学生用の内部ニュースを掲載する電子掲示板などがあれば，広報チャネルとして利用することを検討してください。

(2) メールでの周知

　図書館内のスタッフに対しては，メーリングリストを通じてサービス開始の通知を行うとともに，「利用できるコンテンツの概要」，「契約期間」，「利用条件（同時アクセス数，リモートアクセスや ILL などの可否）」といった利用条件も一緒に知らせておきます。もしもスタッフ側で利用条件の情報確認が必要になったら，どこを参照したら／どの部署に問い合わせればよいのかも周知します。

　特に分野別の電子ジャーナルを導入した場合は，個別に関係教員へメールしておくと効果が高いでしょう。教員に連絡する際には，関係する院生や学部生にもよく周知してもらうよう依頼してください。メーリングリストによる一斉連絡が利用できるのであれば，それも有効です。しかし，送付するタイミングによっては「メールを開けてももらえない」ことがよくあります。メールのサブジェクトタイトルを工夫したり，図書館からのニュースメールなどを定期的に配信したりするなど，興味を持って読んでもらえるような配慮が必要かもしれません。

(3) SNS による周知

　図書館で Twitter や Facebook，Instagram などのアカウントを作成して広報を行っているのであれば，そうした SNS を利用して電子ジャーナルなどのサービス開始を周知することができます。フォロー数が少ないとなかなか広まらないのが難点ですが，有用な内容であれば転載などで口コミが広がり，もしかしたらメールよりも利用者の心に届く可能性が（少しは）高くなります。ただし，大学や図書館の方針によっては，

SNS による細やかな周知は難しいかもしれません。

(4) 図書館内／学内でのポスター掲示，ニュースやチラシ での広報

　図書館内にポスターを貼るのは常套手段ではありますが，図書館に来る利用者しか見られないのはもったいないので，キャンパス内の掲示板にもポスターを掲示してはどうでしょう。タイミングが合うなら，図書館で季節ごとに発行しているニューズレターなどに掲載し，配布するのも効果的です。

(5) 教員への個別チラシ配布，口頭での周知

　教員向けに詳しい説明をしたいのであれば，チラシを作成して個別のポストに配布してしまいます。また，多数の教員に会って話をする機会（委員会や教員会議など）があるならば，そうした場所に資料を持っていき，口頭で説明します。レファレンスや ILL のカウンターを訪ねてくる教員にも，口頭で説明できるようチラシなどの準備をしておくとよいでしょう。

(6) ガイダンス，オリエンテーション，授業支援，講習会な どにおける周知

　学期中は，新入生ガイダンスから始まって，ライブラリー・オリエンテーションや館内ツアー，研究会やゼミナール，授業の一コマなどで，教員・学生に図書館のことを説明する機会が多くあります。図書館の利用方法を説明するときは，主な規則やサービスが中心になるため，個別の電子ジャーナルについては多く触れることができないかもしれません。しか

し少なくとも「図書館には，冊子（紙媒体）ではない電子の
リソースがあること」，「それらをどのように見つけ，使うか」
には言及することになりますので，内容が合致すれば新しい
電子ジャーナルのサービスについても説明しておきたいとこ
ろです。

　ゼミナールや授業での説明は，より専門分野にコミットで
きる機会なので，電子ジャーナルやデータベースの利用広報
に活用します。実際に授業に出かけて説明することも含め，
サービス担当者に協力を頼んでおくとよいでしょう。電子ジ
ャーナルの提供元から専門スタッフを呼んで，その利活用方
法を説明してもらう講習会を開催することも考えられます。

　教員や学生などの利用者側にとって，電子ジャーナルの導
入や変更に関する情報は「必要なときには今すぐ欲しい」も
のですが，「今必要ではない」のであれば，図書館からの広報
なぞ気にも留めてもらえない（いわゆる「スルーする」）とい
うことが起こりがちです（だからこそ，「今必要だからその情
報が欲しい」タイミングで，すぐに必要な情報へアクセスで
きる環境を常に提供していることが望ましいのです）。

　また，学内の利用者は常に入れ替わっています。導入当初
の広報だけにとどめるのではなく，必要な情報をいつでも取
り出せる環境や仕組みを整える，機会をとらえて現在利用で
きるリソースの周知をしていく，研究や学習行動の文脈の中
に資料とサービスの利用を組み込んでいく（そのために教員
や院生，図書館以外の事務職員とも協力する），といった努力
を継続してください。

図 26　広報のいろいろ

5.2 制限事項を周知する

　電子ジャーナルを利用してもらう際には，利用者に「正しい利用方法」を認識してもらわなくてはなりません。要するに，利用するにあたって契約上「やってはいけない」ことを，「制限事項」として利用者に明示する必要があるということです。それぞれのアグリーメント／契約書の記載方法には揺れがあるにせよ，おおよそ以下のような内容に集約されます。

・雑誌 1 冊まるごとなど，大量のデータを一時にダウンロードすること（機械的なダウンロードも含む）
・短時間に集中的なアクセスを行うこと
・第三者に無断でデータを転送・譲渡すること
・学術以外の目的で利用すること
・許可なくデータを翻訳，編集，変更し，公的なコミュニケーションの場に流したり，発表したりすること

図27　利用の制限事項（例）

　基本は，AtoZリストやウェブサイト上の利用ガイドにこうした「制限事項」を書いておくことです。できれば，「電子ジャーナルにアクセスする際に制限事項を表示した画面を挟む」といった技術的な措置で，利用時に一度は目にする経路に示しておくとよいでしょう（「ウザい」と思われるくらいに）。ガイダンスや授業で紹介する際には，できるかぎりこうした制限事項も併せて告知してもらうようにしてください。館内で電子ジャーナルを利用できる端末の横に貼っておいたり，チラシを置いたりするのも効果的かもしれません。利用者がこれらの規約を読むとは限りませんが，いつでも目にふれる場所に置いておくことが重要です。

　なお，違反が判明した場合には，提供元によって強制的に利用が停止されてしまうといった事件が実際に起こります（「6章　トラブル発生！」を参照）。制限事項を示すと同時に，「違反した場合には，サービス停止などの罰則が適用され，学内全体に迷惑がかかる可能性がある」ということも併せて明示しておくとよいでしょう。抑止効果が期待できます。

5.3 利用環境を維持する

　広報・周知を行った後，あるいは行っている最中でも，**契約期間中を通して「利用しやすい環境を維持していくこと」**は，電子ジャーナル担当者のみならず，図書館スタッフの使命であるといっても過言ではありません。利用者がそれぞれの研究や学習の進捗に適したタイミングで，壁を感じることなく電子ジャーナルを利用できるように，日々心がけてください。提供元から送られてきた利用マニュアルやトレーニングの開催情報を提供する，オンラインヘルプやパスファインダー，授業ガイドを作成するといった際には，サービス担当者と協力をしましょう。

　利用者からの「問い合わせ窓口」も整備しておかなければなりません。通常，大学図書館においては，利用者との各種やり取りを担当する窓口があることと思いますが，こと電子的なリソースに関しては「つながらない」，「使えない」，「見つけられない」，「ログインできない」などの悲しいトラブルが生じる傾向が高く，電子ジャーナル担当者のみならず，サービス担当者，システム／ネットワーク担当者などと協同して解決していく体制が必要です。そのため，トラブルの局面ごとに「どの担当者にどのような手段（メール，電話など）でどんなことを連絡するのか」を整理し，利用者に向けてウェブサイト上に明示しておくとよいでしょう。具体的なトラブルの原因やその対応については，次の「6章　トラブル発生！」で解説します。

　冊子の雑誌はいったん受け入れて配架してしまえば，それ以降にやるべきことはあまりない（製本する，蔵書点検を行

うといった程度)のですが，意外にも電子ジャーナルの適正な維持には，実体がないがゆえにそれなりの手間がかかります。たとえ契約期間中であっても，「URLやサービス名が変更される」，「サーバメンテナンスのためにサービスが停止される」といったハプニングが少なからず生じます。あるいは「突然，コンテンツやシステムの機能が追加される(削除される)」こともあります。

　こうしたニュースは事前に，提供元や代理店からメールなどで連絡がきますので，周知したい内容とレベルに応じたチャネルを利用して広報します。ウェブサイトにニュースを載せる程度で済ませる場合もありますし，利用範囲が広くて影響が大きいと考えられるのであれば，導入時の広報と同レベルで大々的に周知する場合も出てきます。いずれにしても，「何のパッケージ(タイトル)に対して，いつ(からいつまで)，どのようなことが起こるのか」を，それぞれのチャネルで具体的に示します。

　これから起こるハプニングの内容によっては，管理画面を再設定するためにスタッフの手配・スケジュールの調整を行うことが必要となるかもしれません。AtoZリストやリンクリゾルバ，OPACなどを通じて，できるだけいろいろな側面から電子ジャーナルを利用できるように設定しているのであれば，「メンテナンスすべき部分が数多くある」ということにもなりますので，アクセスするためのURLの変更設定や提供内容の説明追加などにも抜けがないように注意します。また，学内事情による「停電」や「ネットワーク停止」などの理由で，電子リソース全体が利用できない時間があらかじめわかっている場合も，同様に周知が必要となります。

こうしたさまざまなレベルのハプニングが，どこにいる誰に対してどのような影響を及ぼすのか，そしてその影響を知らせるために，どのチャネルにニュースを載せるか（あるいは，載せるように依頼するか）は，誰かが気づいて判断しなければならない仕事です。スムーズな利用を促進するためにも，こまめな情報の収集と周知を行ってください。

5.4 デバイスごとの利用環境を確認する

　電子ジャーナルは，図書館や学内施設に設置された PC や，利用者自身の所有する PC，タブレット，スマートフォンなどの端末（デバイス）を経由して利用するものです。それぞれのデバイスで，学内のネットワークにログインして，研究に必要な論文の書誌情報を収集し，しかるべきウェブサイトにアクセスして電子ジャーナルのタイトルを探し出し，お目当ての論文全文を入手するためには，それなりの知識とデバイスの操作技術が必要です。リモートアクセスに必要なアプリケーションをデバイスに仕込むだけでも，意外に手間がかかるものです。また，デバイス上に古い OS や古いバージョンのブラウザが設定されている場合は，電子ジャーナルシステムの操作やコンテンツの表示ができない可能性もあります。

　もしも自分自身が電子ジャーナルを使うとするならば，実際にどのような経路で論文全文まで到達できるのか，試してみる価値はあるはずです。ぜひ，利用者になったつもりで，自分のデバイスを使ってあちこちの経路からアクセスしてみてください。学内ネットワークの無線 LAN にアクセスするための面倒な設定にも明るくなれますし，適切なニュースが

適切な場所に出ているか，利用経路の途中につまずきポイントはないかなどのチェックを適宜行うこともできます。こうした経験は，これから起こりうるトラブルを事前に回避することにも役立ちます。

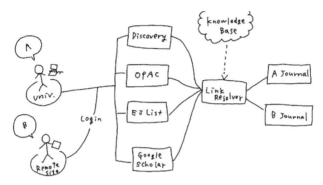

図28　電子ジャーナルの利用経路イメージ

6章 トラブル発生!

この章では，電子ジャーナルの利用中に起こるトラブルの種類と，その対応について説明します。

6.1 トラブル対応の前提

どんなに素敵で使いやすい利用環境を準備できたとしても，残念ながらトラブルはどこかで起こってしまいます。この章では，契約期間中に起こりやすいトラブルについて，その原因と対応を述べていきます。トラブルの原因追究は，昨今とみにややこしくなる傾向があります。利用環境を便利にすればするほど（特にリモートアクセスサービスを提供しているのであれば），確認すべき経路が多くなるためです。

リモートアクセスサービスを含む環境で，いつトラブルが起こってもそれなりの対応ができるためには，「学内からの学外ネットワーク経由による問題の検証が可能な環境」が整っていることが前提です。私的に持参したスマートフォンやルータなどでも検証は可能ですが，できれば職場で公式にルータを契約するなど，スタッフの私的環境に頼らずに外部ネットワークに接続できる環境を準備しておくことが望ましいでしょう。もしかしたら，学内のネットワーク担当者が，ネットワークトラブル対応のための環境を準備しているかもし

れません。図書館のスタッフもそうした環境が利用可能かどうか，確認してみてください。また自大学が，大学など教育研究機関の間でキャンパス無線 LAN の相互利用を実現する「eduroam」というサービスに参加しているのであれば，その環境を使って学外ネットワークからのアクセス検証を行うことが可能です。

6.2 トラブルの連絡と状況確認

　トラブルに関する連絡はある日突然，担当者の元へやってきます。電子ジャーナルの利用に関して，なんらかのトラブルが生じたという連絡を受けたら，まずはその状況をできるだけ早急・詳細に把握することに努めます。トラブルの連絡経路とその内容の例を以下に列挙します。

(1) 利用者からの連絡例
a. 「××のプラットフォーム，○○誌（の×巻△号）へのアクセスができない」
b. 「自分のアカウントが大学のネットワークにログインできず，電子ジャーナルが使えない」

　利用者からのトラブル連絡はたいてい，ウェブサイト上に掲載されているサポート窓口や，レファレンス用の質問アドレスへメールで届くことが多いものですが，学内の他部署（ネットワーク管理部門や，学事部門など）に連絡がいき，そういった部署から転送されてくることもあります。もちろん，メールではなく，電話や窓口への直接相談である場合もあります。トラブルを連絡してくる利用者の所属もその報告内容

も多様で、連絡してきた人が、電子ジャーナルを利用する資格を持たない可能性もあります。

　問題を切り分けるために必要なすべての情報がメールの記述や口頭での報告に含まれているとは限りません。問題解決のための材料として「利用者の所属と学籍（教職員）番号」、「トラブルが生じた日時」、「トラブルの起こった場所（学内か、学外か）」、「学外だった場合、どのようなネットワークを利用していたか」、「トラブルの内容」、「利用していたデバイス（PC、スマートフォン、タブレット）、OS 名（Windows、Mac、iOS、Android など）とそのバージョン」を詳細に折り返してもらえるよう、利用者に連絡します。これらの情報を入手した後、次の行動に移ります。

(2)　提供元／代理店からの連絡例

a.「貴校の IP アドレスを経由して大量の（あるいは機械的と認定される）全文ダウンロードが生じたため、貴校（の一部）からの電子ジャーナルシステム全体へのアクセスを停止した」

b.「貴校の IP アドレスから、不正なアクセスがあった（この時点では通知のみ、アクセス停止はしていない）」

　海外の大手出版社や学会などからは、問題の発生を自動的に検知したうえで、システムメールによる連絡が来るケースが多くあります。中小規模の出版社などからは、先方の担当者からメールが来ることもあります。最初に海外から英語メールでの一報があった後、国内の代理店経由で連絡が来ることもありますし、代理店からいちばんに連絡が来ることもあります。経路はそれぞれですが、提供元からの通知があった

ら，速やかに「問題内容の詳細（具体的に何が起こったのか）」と「問題が生じた日時（期間）」，「問題が生じた IP アドレスの詳細情報」を入手してください。もしも，アクセスを停止される措置が行われているのであれば，「アクセスが停止されている IP アドレスの範囲はどこからどこまでか」，「停止措置はいつから開始されたのか」，「どうすればアクセス停止を解除できるか」も同時に確認します。大学全体からアクセスができない状態であれば，全体の利用者に対して現在の状況とその理由を「○○システムは○月○日に大量アクセスがあったため現在サービス提供元より停止措置を受けています。復旧予定は未定です」といったように周知します。

6.3 原因を分析する

いずれの経路で入ってきたトラブルの情報であっても，得られた情報からトラブル原因の可能性を切り分けて，分析を行うことが基本です。6.2 の事例に沿って，トラブルの原因を考えてみます。
※詳細については，（参照）として示した以降の節に記載しています。

(1) 利用者からの連絡例

a.「××のプラットフォーム，○○誌（の×巻△号）へのアクセスができない」

このように「電子ジャーナルのプラットフォームにアクセスできない」という連絡が来た場合は，まず学内から指摘のあったプラットフォームそのものへのアクセスができているかを確認します。そのプラットフォームに搭載されたタイト

ルをそもそも契約していなかった／契約終了していた，という可能性も排除できませんので，指摘対象を確実に契約しているのかどうかも併せて確認します。

学内ネットワーク全体にトラブルがある場合（「6.4　学内提供環境に起因するトラブル」(1)参照）は，復旧するまで待つしかありません。学内ネットワークは通常に稼働していて，かつ現在契約期間中であるにもかかわらずアクセスができていないのであれば，なんらかの問題がシステム側（「6.5　提供元に起因するトラブル」参照），あるいは大学側（「6.4　学内提供環境に起因するトラブル」(2)，(3)参照）の設定に生じている可能性があります。逆に，担当者が確認する限り学内環境から問題なくアクセスができているのならば，利用者の利用環境（「6.6　利用者側のトラブル」参照）か，学内リンクのどこかにミスがあるか，リモートアクセスの経路（「6.4　学内提供環境に起因するトラブル」(3)参照）に要因があることを疑います。

「その号だけ／そのタイトルだけにアクセスできていない」場合，「提供側の設定に問題がある」（「6.5　提供元に起因するトラブル」(4)参照），「契約範囲にそのタイトルが含まれていない」，あるいは「契約リスト上にタイトルはあっても，該当する巻号が契約上カバーされてない」（「6.4　学内提供環境に起因するトラブル」(4)参照）といったことが考えられます。なお，提供元がアグリゲータで，電子ジャーナルを主題別にまとめたパッケージなどを契約している際には，タイトルによって「エンバーゴ」があるために，当該号へのアクセスができないことがあります。

b.「自分のアカウントが大学のネットワークにログインできず，電子ジャーナルが使えない」

この場合は，担当者自身で，外部ネットワーク経由による
ログインを試みてみます。もしも普通にログインができれば，
利用者自身がアカウントを間違って入力している，あるいは
学内ネットワークの利用者設定上になんらかの問題が発生し
ていることが考えられます（「6.6　利用者側のトラブル」(1)，
(2)，(3)参照）。利用者のアカウントそのものが，身分や所属
のために学内ネットワークにアクセスする権利を有していな
いということもあります。

(2)　提供元／代理店からの連絡例

a.「貴校の IP アドレスを経由して大量の（あるいは機械的と
　認定される）全文ダウンロードが生じたため，貴校（の一
　部）からの電子ジャーナルシステム全体へのアクセスを停
　止した」

　この場合，トラブルの原因ははっきりしていますが，まず
は「誰が，いつ，なんのために，どうやって，どのくらい」
のダウンロードを行ったかを探索しなくてはなりません。現
時点で学内から該当する電子ジャーナルシステムへアクセス
できていないことを検証したのち，学内のネットワーク担当
者の協力を得て，「提供元・代理店から通知された問題の IP
アドレスが示す場所は，学内キャンパスのどこにあたるのか，
あるいはリモートアクセス経由なのか」と，「問題が発生した
日時（の範囲）はいつか」を確認してください。トラブルの
具体的な発生場所と日時の情報をなるべく細かく把握するた
め，必要があれば提供元にさらなる情報提供を要求します
（「6.6　利用者側のトラブル」(4)参照）。

b.「貴校の IP アドレスから，不正なアクセスがあった（この

時点では通知のみ，アクセス停止はしていない）」

このように，警告のみで電子ジャーナルへのアクセスが停止されないこともあります。a. と同様の対応ですが（「6.6 利用者側のトラブル」(4)参照），しばらく放置しておくとサービスを停止される懸念がありますので，提供元に対して「対応を開始した」旨の一報を入れておくとよいでしょう。

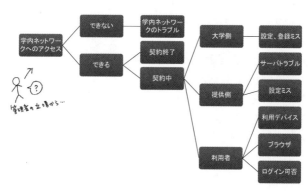

図 29　トラブル発生時の原因分析手順

6.4 学内提供環境に起因するトラブル

学内の提供環境に起因すると推定されるケースの例をあげます。

(1) 学内ネットワークのトラブル

学内におけるネットワーク環境のどこかにトラブルが起こったため，連絡のあった電子ジャーナルだけではなく，学内や館内からインターネットそのものにアクセスできていない

ケースです。ネットワークへのアクセスができていない場所
とともに，どのようにアクセスができていないのか（「ネット
ワーク全般につながらない」，「学内資源にはアクセスできる
が，学外にはつながらない」など）を学内のネットワーク管
理者に報告し，対応してもらわなければなりません。数分で
復旧して拍子抜けすることもありますが，場合によっては復
旧までに数時間以上を要することもあります。トラブルの規
模によって，利用者への周知方法を検討します。

　また，学内ネットワークにおける IP アドレスの割り当て
がいつの間にか変更になっていたという可能性も否定できま
せん。念のため，把握している IP アドレスの範囲が正しい
かどうかを，学内のネットワーク担当者に定期的に確認して
おくとよいでしょう。昨今では，新しいプロトコルである
IPv6 への対応が学内・提供側のいずれかで設定できていない
ためにアクセスできなくなる，というケースも出てきていま
す。できるだけ最新の情報を担当者の手元に置いておけるよ
うに手配することが望ましいです。

(2)　管理サイトの設定ミス

　図書館の担当者自身が，電子ジャーナルの管理画面を設定
する際になんらかのミスをしてしまうケースです。学内ネッ
トワークは支障なく動いていて，他の電子ジャーナルや電子
リソースへのアクセスにも問題がないのに，特定の電子ジャー
ナルにはアクセスができていなかったとしたら，まず「そ
の電子ジャーナルのプラットフォームでは図書館向けの管理
サイトを提供しているのか」を，提供しているならば「その
管理画面では IP アドレスの設定を行っているか」を確認し

たほうがよいでしょう。

　もし，図書館側で IP アドレスを設定できる仕様ならば，そこに登録されている IP アドレスが確実に正しいものかどうかを確認します。最初に間違って設定したまま，利用者からのクレームがあるまで気づかなかった！ ということもありえます。「管理画面での設定は正しいのに，やっぱりアクセスできない」ということであれば，提供側の設定に問題がある可能性が高くなりますので，6.5 の事例を参考にして対応します。

(3)　AtoZ リスト／ OPAC ／リモートアクセスシステムなどへの搭載ミス，リンクミス，タイムラグ

　AtoZ リストやリンクリゾルバ，OPAC への登録ミスがあるケースです。図書館側で，リストに載せるターゲット（契約電子ジャーナルのパッケージ名や個別タイトル）を指定する際に一部を登録し損ねてしまうと，学内から電子ジャーナルのプラットフォームにアクセスできているにもかかわらず，各種リストのリンクに現れないため，利用者が論文全文までたどり着けない状態になってしまいます。

　アクセスできないと指摘のあったプラットフォームやタイトルに関して，「現契約ではアクセスできることになっている」ことが確認できたならば，提供側に問い合わせをする前に，まず図書館側できちんと AtoZ リストやリンクリゾルバ，OPAC に当該サービスやタイトルのリンクを搭載しているかどうかを確認する必要があります。リモートアクセス用のシステム（EZproxy や RemoteXs）を利用している場合は，システム内部での登録状況も併せて確認してください。なお，利用

ツールのシステムによっては，設定の変更がリアルタイムに反映されないこともありますので，タイムラグ（修正が画面上に反映されるまでにかかる時間）の有無についても把握しておいてください。

(4) 契約範囲に含まれていない

意外に多いのが，トラブルがあると連絡のあったプラットフォームやタイトル，または一部の巻号が，「実は契約範囲に含まれていなかった」というケースです。前述の(3)とは逆に，ウェブサイトや AtoZ リストに契約範囲外のタイトルを間違って掲載していたり，きちんとアクセス範囲が記載されていても，利用者がその情報を読み取れなかったりすることがあります。そもそも「アクセスできる対象なのか」を確認したうえで，必要であれば公開している情報を修正し，利用者に事情を説明しなければなりません。

6.5 提供元に起因するトラブル

提供元に問題があると推定されるケースの例をあげます。

(1) サーバのトラブル

特に予定していない時期に，電子ジャーナルをサービスしているサーバ内になんらかのトラブルが生じて，プラットフォーム全体にアクセス（ログイン）ができないようなケース。こうした問題が生じると，多くの場合は，自大学のみならず日本中から（あるいは世界中から）アクセスできない状況となっています。重要度の高いサービスであるほど，利用者か

らのクレームがすばやく届くので，提供元から正式な連絡が届く前にアクセストラブルが発覚することもあります。提供元のトラブル状況が確認できたら，アクセスできないことを利用者に周知し，復旧を待つほかありません。復旧予定についても確認し，できればその情報も含めて周知することが望ましいです。あまりに長期間にわたって(数週間以上など)アクセスができない場合は，返金を求めることも検討します。

(2) IP アドレスや ID/ PW の設定ミス

　提供元が大学側から伝えた IP アドレスを正しく設定できていなかった，あるいは間違った ID/ PW を大学に連絡してしまったため，大学からはどう頑張っても電子ジャーナルにアクセスができないケース。新規契約や契約更新時に多いトラブルです。大学側の利用環境やアカウントに問題がなく，他の電子ジャーナルや電子リソースには正しくアクセスできているのであれば，このケースを疑い，提供元や代理店に確認を依頼します。ただし，もともと大学から伝えた IP アドレスの情報が間違っていた，学内担当者が管理者画面で設定した IP アドレスにミスがあった，などといったことも考えられるため要注意です。

(3) AtoZ リスト未搭載，リンクミス

　契約上も提供側の設定にも問題はなく，電子ジャーナルのプラットフォーム上ではアクセスすることができても，学内の AtoZ リストやリンクリゾルバ上のリンク表記が間違っていて (あるいは掲載されていなくて)，利用者が必要な論文全文にたどり着けないケース。ミスが発見され次第，担当者側

でリンクを書き換えられる／追加できるのであれば，そのように します。電子ジャーナルリストやリンクリゾルバのサービス元に対して，ナレッジベースに記載されているリンクの書き換えや追加を依頼しなければならないこともあります。海外企業が提供するナレッジベースに収録された情報の書き換えを依頼する場合は，実際に修正されるまでにやや時間がかかることを覚悟してください。

（4）　契約しているはずなのにアクセス不可，あるいはコンテンツの消失

契約上はそのタイトルの論文全文へアクセスできることになっているのに，電子ジャーナルのプラットフォーム上で論文全文へアクセスできないケース。単純に「提供元の設定ミス」であることが多いので，具体的な誌名を伝えて調査を依頼し，アクセスできるように設定してもらいます。特に年初の四半期（1月～3月くらいまで）は，提供元の調整期間にあたり，「昨年12月まで最新版を契約していたタイトル（がアクセスできてしまっている）」，「今年1月から契約を開始したタイトル（にアクセスできていない）」が混在してしまう時期にあたることから，契約内容に関してもまんべんなくチェックしておくことが必要です。提供元にあれこれ文句を言っても改善されない状態がしばらく続いてしまうかもしれませんが，新学期開始前の2月末から3月下旬くらいに整備を終えるくらいの気持ちで，余裕を持って取り組むのが吉です。

一方で，EBSCOやProQuestなどのアグリゲータが提供する総合・主題別パッケージを契約している場合，「実は，アグリゲータと出版元との契約によってあるタイトルへのアクセ

スが不可になってしまった（にもかかわらず，間違ってアクセス可能リストに掲載されていた）」ということがあります。このケースの多くは，「この間まであったはずのコンテンツにアクセスできない」というクレームが利用者から寄せられてはじめて判明します。

　原因の多くは，「出版元（出版社や学会など）がアグリゲータのパッケージから版権を引き上げてしまったため」なのですが，アグリゲータ側が提供しているリストが最新版に更新されていない（あるいはタイムラグがある）ために，情報が古いままの状態で，利用者に案内されてしまったことが考えられます。タイトルの変動情報については，提供元のウェブサイト上のニュースなどで確認できることがありますが，必ずしもタイトルの移動が原因でない場合もあります。アグリゲータが提供するパッケージ内のアクセス可否について，ウェブサイト中を探しても解けない疑問点があったら，提供元のサポート担当に問題を確認してもらったほうがよいでしょう。

6.6 利用者側のトラブル

　利用者側の環境に起因すると推定されるケースの例をあげます。

（1）　ネットワーク設定のミス

　利用者のデバイス（PC やタブレット，スマートフォンなど）が，学内ネットワークにアクセスできていないケース。キャンパス内からネットワークにログインする場合でも，自宅などからリモートアクセスサービスを利用する場合でも，セキ

ュリティなどの初期設定が必要であるため，スムーズにネットワークに接続できないことがあります。利用者自身に，学内ネットワーク窓口へ相談してもらったほうがよいでしょう。学内ネットワークにアクセスできているけれど，そこから先への進み方がわからない！ という場合は，丁寧に利用指導を行う必要があります。

(2) ブラウザの問題

　ネットワークにはアクセスできているが，ウェブブラウザ上で一部の電子ジャーナルに正しくアクセスできない，または正しく動作しない（フォントの文字化けなど）ケース。「利用しているデバイスが古く，ウェブブラウザも最新バージョンへ更新していない」といった原因でも起こる現象です。同時に，提供側のシステムが，「まだ標準化されていない最新の技術を使用して」，もしくは「もうずいぶん古くなってしまった技術を使用して」，コンテンツをサービスしているといった場合にもよく発生します。利用者が使用しているウェブブラウザの種類（Chrome，Edge，Firefox，Safari など）と，そのバージョンによっては，ウェブサイト上でサービスされるコンテンツの動作が異なってくることがあります。

　利用者から「電子ジャーナルへアクセスできない」という一報があったら，まず利用ブラウザの種類とバージョンを確認します。バージョンが古い PDF ビューアとの連携不具合，フォントの言語指定ミスなど，可能性はいくつか考えられるので，必要に応じて周囲のスタッフや学内の IT 担当者にも協力を依頼して，問題の原因を探りましょう。こうした一連の確認作業の後，「特定のブラウザで特定の電子ジャーナル

にアクセスできない」ということが確実になったのであれば，提供側にトラブルの状況を報告して，なんらかの対応策により改善してもらうよう求めます。

(3) 学内ネットワークへのログイン可否

　利用者が「どうしても自分のアカウントで学内ネットワークにログインすることができない」，あるいは「ログインはできるけれども，電子ジャーナルのシステムにアクセスできない」といったトラブルを報告するケース。単に利用者がID/PWを忘れてしまっただけであれば，学内ネットワークの窓口でアカウントを初期化してもらうことができます。しかしこのケースは，もしかしたら「その利用者が所持しているアカウントは，学内の別サービス（たとえばシラバスシステムにアクセスするなど）のアカウントであって，学内ネットワークにアクセスするためのものではなかった」，「キャンパス内ではネットワークへアクセスできるけれど，リモートアクセスを許可しないアカウントだった」など，さまざまな要因が考えられます。

　利用者からトラブルの状況を聞いた際に，担当者が的確に原因を切り分けられるよう，たとえば「学内の利用者は学内システムに対するアカウントをどのくらいの種類，保持しているのか」，「"学内ネットワークへアクセス可能なアカウントが発行されていて，かつリモートアクセスが許可されている利用者"の身分や所属はどのようなものか」，「学内ネットワークにアクセスできるアカウントはどのような形で発行されているのか（アカウント名の作成方式は決まっているのか，など）」というように，学内諸システムのあり方や環境などに

ついての情報をあらかじめ確認しておくと，今後起こりうる
ケースを想定しやすいかもしれません。

(4)　提供元からの違反警告とサービス停止

　利用者自身からトラブルの連絡があるのではなく，電子ジ
ャーナルの提供元から「おたくの学校から大量アクセスがあ
ったので，サービスを停止しました。なんとか対策を講じて
ください」との通達が来るケース。前の3点とはやや性格が
異なり，トラブル内容によっては深刻な問題となる恐れがあ
るため，細心の注意を払って対応する必要があります。

　電子ジャーナルのシステムにはたいてい監視プログラムが
含まれており，「不正アクセス」と目される現象が起こると，
自動的に大学の管理者メールアドレスに向けてメールが送信
されることがよくあります。「不正アクセス」とは，機械的に
プログラミングされたダウンロードや，一定の時間内に提供
元側で想定した量（たとえばある年に刊行された論文すべて）
以上のダウンロードのことを指しています。また，利用して
いるブラウザ内に自動先読み機能が設定されているために，
利用者本人の意図とは関係なく一定の分量の論文をダウンロ
ードしてしまうといった事例もあります。

　実際に「不正アクセス」とみなされると，自動的にその端
末を含むIPアドレスの範囲からのアクセスができないよう
に遮断されてしまうことがあります。なお，遮断の範囲には
端末1台から学内キャンパス全体までの幅があります。提供
元によってトラブルへの対応（遮断するまでの時間や範囲）
は異なるので，トラブルがよく生じる傾向がある契約コンテ
ンツについては，提供元のポリシーを確認しておくとよいで

しょう。

　提供元からなんらかの形で「不正アクセス」が起こったことが通知されたら，前述のとおり，最初に「いつ，どの IP アドレスから，どんな種類の」アクセスが行われたかについて，提供元に詳細な情報提供を求めます。そうして得られた情報を学内のネットワーク担当者と共有し，違反と思しき行為を行った利用者個人（または研究室の特定端末など）を特定する作業を依頼します。利用者（または研究室）が特定できたら，その人物や代表者と連絡をとったうえで，事件が起こった当時の状況確認を行う必要があります。

　およそ悪意を持って故意に不正アクセスを行っているケースはごくまれで，単に研究に熱心な利用者が多いものです。指摘した行為が不正なものであることさえ理解されれば，同一利用者が再度，同様の事件を起こすことはさほど考えられません。そのためにも，しっかりと利用指導を行うことが重要です。なんとか利用者との面談と利用指導を済ませたところで，そうした一連の対応を提供元へ報告します。

　事件直後からのアクセス停止措置は，よっぽど悪質な問題が生じていない限り，大学側から「原因調査の結果」と「防止に向けた対策内容」を報告すれば解除されます。提供元から，「アクセス中止を解除した」という連絡が来たら，当事者である利用者をはじめ，関係者に周知し，通常サービスに戻ります。

　なお，不正アクセスに利用された IP アドレスの範囲によっては，「どうしても利用者個人が特定できない」ケースが生じます。できるところまではやるにせよ，調査を打ち切るタイミングの見きわめも大切です。そうした場合には，正直に原

因が特定できなかった旨と，やはりその時点でとりうる防止策を提供元に報告してください。たいていの場合，そこでアクセス停止措置は解除されます。

さらに昨今では，本人が意図しないところで大学のアカウント情報が漏洩し，気づいたときには悪用されていたという事例も発生しつつあります。売買または譲渡されたアカウントで違法にコンテンツへアクセスする仕組みを提供する業者が現れたり，大学のログイン画面に似せた画像を使ったフィッシングメールが出回ったりするケースが出ていますので，十分に気をつけなければなりません。こうした外的な問題が発覚した際にも，すばやく学内で対策がとれるように，日頃から学内関係部署との連絡を密にしておきましょう。

6.7 リスクマネジメント

誰だってトラブルはできるだけ未然に防ぎたいものです。そのためには，「5章　いざ利用開始」の「5.2　制限事項を周知する」でも前述したように，利用者には常日頃「電子ジャーナルなどを使うにあたってのお約束」を意識してもらえるよう，各所で注意喚起に努めていく必要があります。しかし，利用者側の意識改善だけをすればよいというものでもありません。これまでみてきたように，提供元の設定ミスや学内ネットワークのトラブル，管理者の設定ミスなど，多様な要因と複雑な環境があるのもまた事実です。

図書館が開館している日中ばかりでなく，業務終了後，夜間，週末，祝日，長期休暇中などにおいても，容赦なく「つながらない，困った，助けて」という連絡が来るかもしれま

せん。しかし，担当者が一人で解決できるようなトラブルはむしろ少ないですから，あわてて対応をするのではなく，翌朝（あるいは翌開館日）までしばし待つ（＝寝かせておく）ということも時には必要です。もしかしたら，その間にトラブルが勝手に収束してくれる可能性もあります。

　翌朝や休み明けにも同様のトラブルが続いているようならば，あらためて冷静に状況を確認し，周囲のスタッフと提供元の協力を得ながら，粛々と解決にあたりましょう。担当者が対応できる範囲の日時（平日の何時から何時までなど）をあらかじめ決めておき，その旨をウェブサイト上に記載しておけば，利用者に待つ覚悟を持ってもらえるかもしれません。

　時には結局原因が判明せず，モヤモヤしたままトラブルが終了することも多々あるものです。それはそれで仕方がありません。しかし，できるだけ原因を追究しておくことが大切です（それができない場合もありますが）。リスクマネジメントの基本として，トラブルの発生経緯とその詳細，および経過と結末については，記録を残しておきましょう。「各種可能性の地道な確認」と「経験の蓄積」こそが，次にトラブルが起こったときの原因の切り分けに役立つのです。

7章 来年どうするか

この章では，1年間の運用を経て，翌年の契約に向け検討を開始する段階について解説します。

契約も終わりに近づいてくると，そろそろ「来年どうしよう？」ということを再び考えなければなりません。「1章 検討しよう」で，各種関連情報を収集し，契約の可否を検討しました。この章でも同様に，これまでの利用状況を振り返るための情報を収集し，評価を行い，次のサイクルにつなげるにはどうしたらよいかを検討していきます。

7.1 「利用統計」とれますか?

電子ジャーナルの提供を開始してから2～3か月が経過すると，「利用統計」が取得できるようになります。冊子版の雑誌では，カウンターでの質問件数や紙のよれよれ具合などから利用度を推し量るほかなかったのですが，電子ジャーナルには簡単に「前月の利用数が判明する」という大きなメリットがあります。「利用統計」では，毎月どの程度の閲覧数があったのか，どの雑誌がいちばん多くアクセスされたのかなどが，数値としてはっきりと表示されます。

利用統計が出せるか出せないかは，提供元の姿勢や電子ジ

ャーナルを提供するプラットフォームの機能に左右され，以下の3種に分かれます。

（1） COUNTER統計

国際的な標準に準拠した利用統計を出すことができます（コラムgを参照）。主に海外出版社や中規模以上の学会／団体，アグリゲータなどが対応しています。国内の提供元であっても，規模の大きなプラットフォーム上（J-STAGE，メディカルオンラインなど）にあるものは対応可能です。たいていの場合，管理サイトから，任意のタイミングと範囲，ファイル種類を指定して数値を取得することができます。プラットフォームの仕様によっては，希望の期間を月単位で指定できるものの画面表示や出力はできず，後日メールで送付されることもあります。

（2） 独自統計

提供元が独自の基準で作成した利用統計を出すことができます。海外の中小規模出版社／学会／団体や，国内の中規模学会，アグリゲータなどが提供しています。独自基準による統計数値は，標準化されておらず他の数値と比較できないため，それ単独で経年的な変化をみるしかありません。ただし，ないよりはマシというものです。管理サイトから数値を取得できることもありますが，提供元や代理店に必要な期間を指定して依頼しなくてはならないケースも多いです。先方から統計が送付されるタイミングと手段，ファイルのフォーマットはまちまちで，提供元の体制によっては「年1回程度しか出力依頼を受けることができない」という場合があります。

(3)　提供なし

　残念なことに，技術的に利用統計の数値を抽出することができないパターンです。国内外の小規模出版社／学会／団体などからは，利用統計のデータを提供してもらえないことがあります。

　大・中規模の提供元による電子ジャーナルに関していえば，COUNTER 準拠による統計出力がほぼ普及している状態ですが，小規模な提供元に関しては，たまに独自基準による統計があったり，あるいは提供されていなかったり，というのが現状です。電子ジャーナルの契約時に，「利用統計がとれるかとれないか，とるならどこからか」などをあらかた確認済みとは思いますが，こと個別タイトルの契約に関しては事前確認が徹底できているとは限りません。契約開始後，利用統計がとれるようになったタイミングを見計らって，あらためてその取得方法と取得できる統計内容をひとつひとつ確認するのがよさそうです。

7.2 | 取得のタイミング

　利用統計の提供がまったくない場合を除き，なんらかの数値が提供され，取得ができるのであれば，なるべくルーティンとして取得作業（月 1 回〜四半期ごと程度）を行います。もちろん年に 1〜2 回，まとめて取得する（依頼する）ことも可能です。ただし，管理サイトへのログイン方法，利用統計取得システムの使用方法は，それぞれのプラットフォームによりまったく異なります。そのため，すべての電子リソース

（データベースなども含む）の利用統計を年度末にあわてて取得しようとすると，「ID/PWが見つからない（ありがち）」，「統計システムがダウンしたまま応答がない（よくある）」，「取得用URLがいつの間にか変わってしまっていた（びっくり）」といった予期せぬトラブルが頻発して，意外に手間と時間がかかってしまいます。提供元によっては直近のデータしか保持してくれないところもあります。「いつかとればいいや」という姿勢で月日が過ぎてしまうと，利用統計サーバ内から過去のデータが忽然と消えてしまうということにもなりかねません。長期間にわたって統計取得作業を放置することのないよう，くれぐれも気をつけてください。

　自動的にデータを取得するためのプロトコル[1]を用いたツールを利用して，多少なりとも作業量を少なくする方法もありますが，すべての提供元が対応しているわけではないので，どちらにせよ手作業は必要になります。

7.3 ファイルの保存

　提供元から利用統計のデータファイルを取得したら，関係する複数の担当者がアクセス可能な共有フォルダ（図書館内のイントラネット上など）や，共通で利用できるハードディスクなどの領域にすばやく保存します。「個人PCのデスクトップ上に保存」，「メールで届いていたけども，忙しいので個人フォルダ内に放置してそのまま」はできるだけ避けて，バックアップをとるようにしてください。ある日突然業務用PCが故障したり，うっかり削除してしまったりする恐れがあります。

利用統計を置いておくフォルダはあらかじめ決めておき，対象年，対象のシステム名などで分類しておきましょう。過去からの利用統計のファイルが蓄積されている場合は，過去分に追加していけばよいのですが，置き場所がバラバラな場合などは統一してください。今後も，必要とするスタッフが，いつでも過去のファイルを参照できるように心がけます。

コラム g

COUNTERとは

　「図書館の蔵書がどれだけ利用されているか」を知るには，貸出冊数などの統計を用います。同様に，電子リソースの利用状況を知るためにもやはり統計が必要です。オンラインで提供されている電子リソースを利用する場合，利用者は出版社などのサーバ上に保管されているデータに直接アクセスします。そのため，電子リソースの利用状況，つまりサーバへのアクセス状況については，出版社からそれぞれ提供を受けるしかありません。ところが，出版社から提供された利用統計の書式が異なっていたり，集計されるデータ項目が異なっていたりすると，契約している電子リソースの利用状況を一元化することや出版社を横断して比較することが難しくなります。

　COUNTER (Counting Online Usage of NeTworked Electronic Resources) は，利用統計レポートの書式や要件を標準化した実務指針（Code of Practice）を発行し，出版社にこれに準拠した利用統計レポートを作成させることで，インターネット上で提供される電子リソースの利用状況を的確に把握しようとするプロジェクトです[2]。2023年3月現在では実務指針第5版（Code of Practice 5）が最新となっています。COUNTER事務局による審査を経てはじめて，出版社が「COUNTER準拠」としてレポートを提供できるシステムとなっており，信頼性が担保されています。

　COUNTER準拠の利用統計レポートでは，4つの指標（利

用，アクセス拒否，検索，その他）を使ったプラットフォーム別の集計数値を提供します。電子ジャーナル・電子ブック・データベースの月ごとの利用件数レポートは，契約価格と併せて見ることで費用対効果を評価する指標のひとつになります。実務指針第 4 版からはゴールド・オープンアクセスのジャーナルおよび論文の月別利用統計レポートの提供も義務化されましたので，より詳細な評価ができるようになりました。また，アクセス拒否件数レポートは，たとえば同時にアクセスできるユーザー数に制限のあるデータベースならば契約中のユーザー数が十分かどうかの判断に役立てることができますし，未契約の電子ジャーナル，電子ブックならば潜在的な需要を知る手がかりになります。なお，第 4 版以前のレポートから継続比較することも可能ですが，項目名や計算方法が異なる場合があり，注意が必要です。

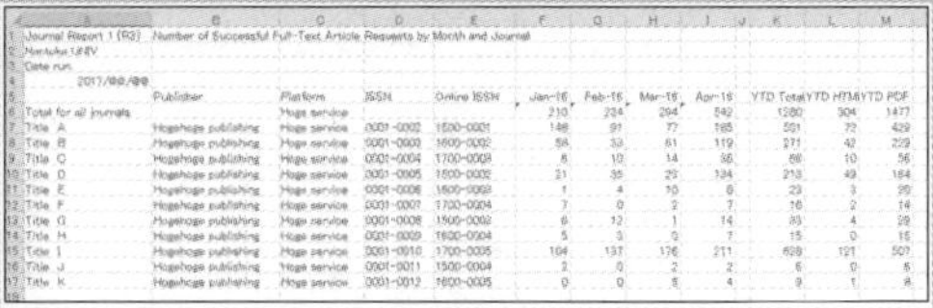

Journal Report 1 (R3)	Number of Successful Full-Text Article Requests by Month and Journal										
Nantoka UNIV											
Date run:											
2017/@@/@@											
	Publisher	Platform	ISSN	Online ISSN	Jan-16	Feb-16	Mar-16	Apr-16	YTD Total	YTD HTML	YTD PDF
Total for all journals		Hoge service			210	234	294	542	1280	304	1477
Title A	Hogehoge publishing	Hoge service	0001-0002	1500-0001	146	91	77	185	501	72	429
Title B	Hogehoge publishing	Hoge service	0001-0003	1600-0002	58	33	61	119	271	42	229
Title C	Hogehoge publishing	Hoge service	0001-0004	1700-0003	6	10	14	36	66	10	56
Title D	Hogehoge publishing	Hoge service	0001-0005	1500-0002	21	35	25	134	213	49	164
Title E	Hogehoge publishing	Hoge service	0001-0006	1600-0003	1	4	10	8	23	3	20
Title F	Hogehoge publishing	Hoge service	0001-0007	1700-0004	7	0	2	7	16	2	14
Title G	Hogehoge publishing	Hoge service	0001-0008	1500-0003	6	12	1	14	33	4	29
Title H	Hogehoge publishing	Hoge service	0001-0009	1600-0004	5	3	0	7	15	0	15
Title I	Hogehoge publishing	Hoge service	0001-0010	1700-0005	104	137	176	211	628	121	507
Title J	Hogehoge publishing	Hoge service	0001-0011	1500-0004	2	0	2	2	6	0	6
Title K	Hogehoge publishing	Hoge service	0001-0012	1600-0005	0	0	5	4	9	1	8

図 30　COUNTER データのイメージ

7.4　利用統計の集計と分析

「利用統計を出力して保存してみた」というだけでは，そのデータはまだ何の役にも立ちません。利用統計の中身を確認・比較し，今後の評価に役立ててこそ意味があるのです。契約している電子ジャーナルがパッケージであれ個別タイトルであれ，契約を開始してからどの程度利用されたのか，きちんと確認することが必要です。

取得した利用統計のデータが COUNTER 準拠のものであ

れば，パッケージ全体へのアクセスとともに，個々のタイトルへの全文アクセス数を確認することができます。データが標準化されているので，パッケージごとでも，パッケージの垣根を越えて特定のジャンルのタイトルを集めても，利用量を比較することができるのがよい点です。これらのデータはExcelなどの表計算ソフトで扱える形式なので，契約数が多くなければ1シートにまとめてしまえるかもしれません。「ある期間内に最も利用されたタイトルは何か」，「人気のあるタイトルが多く含まれるパッケージは何か」などを見きわめることができるように，必要なデータを整えて集計してください。

　過去数年にわたるデータの蓄積があるのであれば，1年の間によく利用される時期がどこなのかを発見することも可能です。たいてい，学期中には利用度が上がり，授業のない長期休暇中は下がる傾向にあります。また，提供元の方針によっては，パッケージそのものにアクセスしたIPアドレス情報が提供される場合があります。学内のIPアドレスがどこに割り当てられているのかという情報を持っていれば，人気のある利用場所（研究室や図書館内，はたまた学外）や，よく電子ジャーナルを利用する研究室名などを解析することもできるでしょう（あくまでもパッケージへのアクセスであって，タイトル別にアクセス元のIPアドレス情報が提供されることはほとんどないので要注意）。

7.5 パフォーマンスの計算例

　利用統計と他のデータと組み合わせることによって，パッケージや個別タイトルの学内におけるパフォーマンスを計算

することもできます。たとえば,「パッケージ(または個別タイトル)契約1年間分に対して支払った本体価格」を,「過去1年間の利用量(論文全文へのアクセス総数)」で割ると,「論文1ダウンロード(利用)あたりの平均単価」("cost per download","cost per use"などといわれます)が算出できます。どのパッケージが支払った価格に対してよいパフォーマンスを生んでいるのかを確認することができるのと同時に,残念ながらあまりパフォーマンスのよくないパッケージも判明することになります。

コストの捉え方としてよく用いられるのは,電子ジャーナルのプラットフォームが提供しているPPV(Pay per View)サービスにおける1論文あたりの価格を基準とする考え方です。PPVの価格には必ずしも定価があるわけでなく,そもそもPPVのサービスそのものが存在しないプラットフォームもあり,さらにサービスはあったとしても,その値付け方法は出版社により異なるため,「論文1ダウンロードあたりの平均単価」とPPVの価格は決して同等ではありません。しかし少なくとも,あるパッケージについて考えたときに,1ダウンロード平均単価が,PPVで1論文を購入したときのお値段を上回ってしまうのであれば,そのパッケージが「あまりよいパフォーマンスを生んでいるとは言いがたい状況にある,かもしれない」程度のことは言えそうです。

7.6 利用統計を用いる際の注意点

電子ジャーナルの契約を評価する際に,利用統計を用いることが最も説得力のある手段であるとしても,それのみで測

ってしまおうとするのはちょっと危険です。というのも，利用統計はたしかに論文全文へのアクセス数の多寡をはっきりと示しますが，その数値はあくまでも「利用量」のみであり，必ずしもその「質」を反映しているわけではないからです。

　大学にはさまざまな分野の研究者が在籍しており，研究分野によって文献の利用度は大きく異なります。医学系・理工学系などの，いわゆる STM（Science, Technology, Medicine）分野や，社会科学系でも理系に近い手法をとるような分野の研究においては，共同研究による論文の執筆人数も多く，重要な電子ジャーナルのタイトルに利用が集中する傾向があります。反対に人文・社会科学系の分野の研究では，専門が多岐にわたり，個別に研究する度合いも高いことから，タイトルの利用が分散します。要するに，利用統計の集計結果では，理系のタイトルに対するアクセス数が高く出る一方で，相対的に人文・社会科学系のタイトルの利用が少なくなってしまうのです。

　医学系の単科大学などであれば，文系タイトルの利用を考慮する必要はないかもしれません。しかし複数学部を持つ大学の場合，どうしてもこうした問題が起こりがちです。利用統計の数のみでパッケージやタイトルの重要度を測り，翌年に契約するパッケージやタイトルを選定するとなると，偏った選定結果になってしまいかねません。利用統計上では少しだけしか使われていないタイトルであっても，一部の利用者にとっては，「なくなったら困る，どうしても研究に必要なタイトル」である可能性は残るのです。

　さらに，本来なら人気のあるタイトルであるはずなのに，なんらかのトラブル（リストの登録ミスなど）によって利用

者から見えなくなっていたためにアクセス数が低かった，という ケースも起こりえます。また逆に，統合検索のシステムを導入することによって検索数が大幅に増加することがあるかもしれません。そもそも COUNTER に準拠していない利用統計の場合，「ダウンロード数」などのカウント数を算出する方法が異なり，比較することができないこともありえます。

こうしたことから，電子ジャーナル契約の全体的な評価を考える際には，利用統計を基盤としながらも，別の視点による指標も考慮する必要があります。利用統計以外に電子ジャーナルの契約を評価するための「別の視点」について，いくつかの点から考えてみましょう。

7.7 利用者の声を収集する

　教員や大学院生など，実際に電子ジャーナルを利用する研究者の声を直接聞くという手段です（英語のリソースをあまり利用しない学部生に関しては，対象としない場合があります）。

(1) アンケートを実施する
・全教員にアンケート用紙を配布（ポスティング）する
・ウェブサイト上にアンケートフォーム（ウェブアンケート）を準備し，メールなどの手段により教員と院生に回答を依頼する
・図書委員会，電子ジャーナルの検討委員会，院生協議会などの組織を通して，アンケートへの協力を要請する
　アンケートでは，実施の目的（電子ジャーナルの契約を評

価して，来年度の契約形態を検討すること）と図書館の現況を述べたうえで，Excel などで対象タイトルの一覧を作成し，研究に関係するタイトルに対する意見を書き込んでもらうなどします。状況によっては，重要度の順番を記入してもらったり，契約すべき重要なタイトルを上位〇誌まで絞って指定してもらったりといった工夫で，タイトル別に重みづけがわかるような形をとることも有効です。「今年度は契約していないが，研究に必要であるために契約してほしいタイトル」についても，希望を記載してもらえるとよいでしょう。

ウェブアンケートの実施は，印刷の手間が省けるうえに回答結果がデジタルで得られるというメリットがあります。状況に応じて紙版とウェブ版の回答フォームを併用してみましょう。また，「アンケート内容の検討→確定→準備と広報→調査開始→回収→結果分析」といった一連の流れには，少なくとも数か月単位の時間がかかります。事前広報にも多少の時間が必要ですし，調査期間が長すぎても短すぎても回答が集まりません。アンケート結果を踏まえて翌年の契約内容の検討を行うのであれば，春から夏にかけての結果集計を見込み，かつ見積を依頼する時期に間に合うように，前年度から準備を始めるなどの手配が必要となります。

(2) インタビューを行う

・図書委員などの教員に協力を要請し，個別に意見を聞く
・図書館をよく利用する教員や院生に個別に協力を要請し，意見を聞く
・アンケートの結果を見て，個別の教員からさらに意見を聞く

・何名かの教員や院生に協力を要請し，グループで意見を聞く

　利用者インタビューは，電子ジャーナルに関する意見や希望以外にも研究分野や研究行動に関しての知識を得ることができる，研究者とのコミュニケーションを直接得られる，という点で優れていますが，すべての研究者から平等に意見を聞くことができないことから，バランスのとれた結果を得ることは難しいという側面があります。研究者の意見を聞く際には，アンケート実施も併用したほうがよいでしょう。

　「グループインタビュー」を行う場合は，入念な準備と複数参加者の選定，スケジュール調整，目的を明確にした適切な進行，会話の流れから要望や意見を汲み取る質的な結果分析などが求められるため，ある程度学術的な使用にも耐えるように正しく実施しようとすると，かなりの労力がかかります。かといって，グループインタビューを漫然と進めると単なる雑談で終わってしまい，有用な意見を多く得られない恐れがあります。

　それでも，直接的に利用者の意見を聞くこうした手法は，研究者同士の会話から普段耳にすることがない話題や図書館サービスに対する正直な意見を聞くことができ，興味深い手段のひとつといえます。むしろスタッフと利用者との垣根をとりはらい，心理的に近づくための手段であると割り切って行うのもよいでしょう。タイトルの選定に役立つというよりもむしろ，電子リソースの使い勝手やパッケージ全体への印象などをうかがい知るのに適しています。

　利用統計と利用者の声のほかに，以下のようなデータを評価の一助にすることが考えられます。

(1)　トラブル対応時の記録

　契約期間中に起こったトラブルの記録は，利用状況を測るための手段にもなりえます。「どの電子ジャーナルのシステムで，どのタイトルを使っているときにトラブルが起こったか」が記載されていれば，たまたまかもしれませんが，少なくとも一部の利用者が使いたいと思っているタイトルがわかります。

(2)　リンクリゾルバやディスカバリーサービス，リモートアクセスの認証システムなどの利用記録

　電子ジャーナルのシステムから提供される利用統計のほかに，図書館で契約している各種ツールの統計機能を利用して，アクセスされている電子ジャーナルのプラットフォーム名を抽出することができる場合があります。出版社やアグリゲータのシステムから得られる利用統計とは異なり，タイトル別のアクセス状況はわからないことが多いですが，学内での設定状況によっては，アクセスしている利用者の属性や，よく利用される／されない時間帯などが判明します。

(3)　図書館スタッフの印象

　普段利用者と接しているレファレンス担当者にも，1年間の電子ジャーナル契約についての印象を確認してみましょう。

利用者からの質問や，授業補助などの際に教員から得られる情報などを通して，よく使われている電子ジャーナルのシステム名やタイトル名があがってくれば，それもひとつの参考情報となります。ILL 担当者からの「契約しているのにもかかわらず多数の申し込みがあったタイトル」といった情報から，「実は需要があるのに，アクセスや誘導がうまくいっていないのでは？」ということが判明するケースもあります。

(4) タイトルの被引用回数

ある論文が他の論文に引用されている頻度（被引用回数）は，その論文が収録されたタイトルの重要度を測る指標として用いられています。たとえば，Clarivate Analytics（クラリベイト・アナリティクス）社や Elsevier 社などがそうした指標を算出し，発表しています。これらの指標は，タイトルの価値を「ある程度」客観的に表すものと考えられており，特定のタイトルの数値が高いのであれば，そのタイトルはその分野内で影響力を持つ位置を占めていると推測することができます。つまり，図書館側で評価したいタイトルがこれらの指標の計算対象だった場合には，参考として指標の数値を確認し，利用統計や利用者からの意見の裏付けとして利用することができるのです。

ただし，引用頻度を利用した指標の数値のみで，そのタイトルの重要性が完全に測れるわけではありません。STM 系と一部の社会科学系の分野では参考になっても，そもそも絶対的引用数が少なくなりがちな人文系の分野では参考にしにくい，などというように，引用回数による評価には分野によって「向き不向き」があります。あくまでも，利用統計や

利用者からの意見をバックアップするための参考データとする程度にとどめておくべきでしょう。

　契約中の電子ジャーナルに対してなんらかの「評価」を行ったならば，できるだけ，「どのタイトルに対してどの評価軸を用いてどういう評価を行ったのか（評価手法）」，「学内の誰に対し，どの評価結果について説明したのか」などの記録を残しておくようにしてください。詳細でなくても，手がかりを残しておくことが重要です。「評価のプロセス」は翌年以降も必ず発生します。同じ手法を用いるにしても，手法を変えるにしても，過去の記録をベースに検討できるようにしておくのは悪いことではないはずです。

コラム h
評価の指標

　ここでは，最低限押さえておきたい雑誌などの評価指標について紹介します。

【インパクトファクター（Impact Factor：I/F）】
　学術雑誌の評価指標です。掲載論文の被引用数の合計数を，掲載論文数で割って算出します。I/F の値が高い雑誌は，「1論文あたりの被引用数」が高く，「影響度の高い学術雑誌である」ということができます。しかしながら，学問分野ごとに引用の傾向が異なるため，I/F の値を単純に比較することにはあまり意味がありません。そのため，似た分野内のタイトルごとに I/F を比較するなどの工夫が必要となります。なお，I/F はあくまで「学術雑誌の評価指標」であり，研究者の評価に使用することは非常に難しいといえます。
　I/F は通常 2 年分の論文で算出されていますが，5 年分の

論文で算出された5年I/F（5-Year Impact Factor）もあります。

I/Fは，Clarivate Analytics社が提供するJournal Citation Reports（JCR）やWeb of Scienceで調べることができます。また出版社によっては，電子ジャーナルのウェブサイトやタイトルリスト上に，タイトルごとのI/Fを記載していることもあります。

【サイトスコア（CiteScore）】

I/Fと同様に，ある学術雑誌について，掲載された論文の被引用数を，掲載論文数で割って算出します。ただし，分析対象となる論文や記事の種類，対象誌数や，期間の設定が異なります。サイトスコアは，Elsevier社が提供するJournal Metricsで調べることができます。

【アイゲンファクター（Eigenfactor：E/F）】

こちらも学術雑誌の評価指標です。I/Fと同様に被引用数をベースに算出しますが，被引用数の多い雑誌からの引用を，被引用数の少ない雑誌からの引用よりも重く扱うといった「重みづけ」を行うなどして算出します。「レビュー誌が上位にきてしまう」などのI/Fの弱点を解消しており，より実感に近い指標であるといわれています。分野内の平均スコアが「1」となるように正規化された，「正規化アイゲンファクター」（Normalized Eigenfactor）というものもあります。アイゲンファクターは，Journal Citation Reports（JCR）で調べることができます。

またElsevier社が提供するScopusでも，引用元のジャーナルの質によって引用に重みづけをした指標（SCImago Journal Rank：SJR）を調べることができます。

【h指数（h-index）】

こちらは研究者などの評価指標です。たとえば，ある研究者のh指数の値が「10」であれば，「10回以上引用された論文が10件ある」ことを示します。この指標の値が高い研究者は，影響度の高い論文を数多く発表していることから，「影響度の高い研究者である」ということができます。h指数は研究機関などの評価にも使うことができます。

h指数は，Web of ScienceやScopusで調べることがで

きます。

【オルトメトリクス（altmetrics）】
　従来の評価指標は被引用数に依って算出されることが多かったのですが，それだけに依らない評価指標の考え方，およびそれに基づく評価指標の総称です。雑誌論文をはじめとする研究成果について，主に社会における反響の大きさや影響を測ることができるとされています。
　近年は，Twitter や Facebook などの SNS を活用した指標も誕生しています。

　なお，評価指標はあくまで「ひとつの尺度で評価を行ったもの」であり，別の評価指標で評価を行えば異なる結果となります。つまり，普遍的な意味での質を表したものではない，ということに注意が必要です。

7.9 　懐具合を確認する

　年間（1 月〜12 月）の利用統計を集める時期は，ほぼ年度末・年度始めの時期（春）に重なります。つまり，「その年度の予算の締めも行わなくてはならない時期」であるということです。「電子ジャーナルを含む電子リソース全体への支払総額」，「（予算が余っていたのであれば）予算の余り金額」，「（予算がオーバーしていたのであれば）予算の超過金額とその補てん内容と出どころなど」，「支払金額の提供元・代理店別割合」，「国内・国外リソース別の支出割合」，「図書館資料購入予算全体に占める電子ジャーナルへの支出割合」といったデータをまとめて，上司に報告したり，関連する委員会などに資料を提出したりすることになっているでしょう。1 年前の記録があるのであれば，それらの形式を参考にして報告

書をまとめてみてください。仮に報告する義務がなかったとしても，課内で記録を作成して今後に残すことには大きな意義があります。先延ばしにせず，1年のライフサイクルの締めくくりと考えてやってみてはいかがでしょうか。

　データをまとめる際には，「その前の年の支出実績との相違は何か」，そして「そうなったのはなぜだったのか？」をあらためて考えてみる必要があります。数値の変動には，必ずなんらかの原因があるはずです。契約条件を変更したり中止したりした場合は，前年の支出に比べて今年の総額が低くなっているかもしれません。今年から新たな契約を増やしたのであれば，総額は何パーセントかの増加になってしまっているかもしれません。為替相場の変動も大きな影響を及ぼしています。支払時に，前年に想定した相場よりも円高になっていたのならば，思ったよりも支払金額が低くなる可能性が高くなりますし，円安であれば，その逆です。リバースチャージ方式の対象となるコンテンツに対する消費税分の支払金額についても，全体の支出に占める割合をきちんと把握しておきましょう。

　直近の年度の集計結果は，翌年度の予算申請のための基礎数値になります。「起こった事象（この場合は前年度の予算執行状況）に対しておおよその説明がつくこと」は，予算編成やその使い道を決める権限を持つスタッフや教員，委員会などに対して，大きな説得力を持ちえます。こうしたことを踏まえたうえで，できるだけ分析を行っておくことが重要です。

7.10 あらためて各種調査に回答する

　年度が改まると，ほどなくして各種調査への記入依頼が届き始めます。もしも昨年度の同じころ，よくわからないままに頑張って調査項目を埋めて提出していたとしたら，2回目はもう少しじっくり，項目の内容を検討してみましょう。こうした調査の項目類は，長期的に得られる数値の比較を目的とするため，通常はあまり内容を変動させずに，前年同様のまま依頼されることが多いものです。なので，とりあえずは昨年度と同様のデータを集めてきて記入する，という作業を行うことになりますが，2巡目ともなれば，求められているデータの意味が，多少なりとも実感に沿ったものになっているのではないでしょうか。ただし，移り変わっていく世相や状況に合わせて，新しい項目が追加されたり，定義が変更されたり，古くなって意味がなくなった項目が削除されたりすることはありますので，そうした点があるかないかについて注意するようにしてください。

　新しい数値を求められているのならば，その数字はどうすれば入手できるのかを確認しなければなりません。また，「昨年度，入力した数値が間違っていた！」ということはよくあります。もしさかのぼって訂正申告ができるのであれば，そうしてみてください。たいていの項目はすでにまとめられ，結果の概要が公表されてしまった後だったりしますので，調査全体にとって後からの訂正はあまり意味をなさない可能性がありますが，間違いは間違いとして自館内のデータを正しく修正し，可能であればそこに至る経緯も記録して，今後は正しい数値を報告できるようにしておくという姿勢で臨むに

こしたことはありません。

　繰り返しになりますが、「この数字がどのような根拠を持って算出されているのか」については必ずメモを添えておくようにします。たとえ自分で計算した結果であっても、翌年になればなぜかすっかり忘れているもので、どこからどうやってこの数字が出てきたのかわからなくなることがよくあります。ましてやその数字を扱うのが後任担当者だったとしたら、よりいっそうわからないわけですから、心して記録を残しておきましょう。なお、3年目の集計に備えて、先に各種の調査項目の内容を把握したうえで、それらの項目に必要な数値をあらかじめ算出しておくために、学内で毎年集計する調査や報告用の項目を追加するなどしておくと、記載時の負担がかなり減ります。

7.11 タイトルの動きに伴う諸問題

　「個別タイトルの移管」や「刊行中止」、「新規タイトルの創刊」といった、電子ジャーナルをめぐる動きの情報は、1年を通じてぽちぽちと発表されていきます。おそらくは前年の契約期間中にも、提供元からやってくるメールニュースや代理店からの情報などを通じて、いくつかの移管情報や刊行中止情報に接したことと思います。大きな出版社や学会などが刊行する著名なタイトルに関する動きであれば、翌年の契約に大きな影響が及ぶ可能性が高いため、提供元も慎重を期してか、比較的早い段階（早春〜夏）で情報を出すことがあります。こうしたタイトルの動きによって大学側が受ける影響について、いくつかの例をあげてみます。

(1)　購読タイトルが刊行中止になる場合

　タイトルそのものが刊行中止（終刊）になるため，当然，来年の契約ができません。これまで個別に契約していた場合は，単純に来年の購読タイトル数とその予定支払金額が減ることになります。また，パッケージ契約内の「購読タイトル」である場合は，パッケージ価格の決定方法にもよりますが，来年の契約価格が多少減額される可能性があります（条件によっては，減額されない場合もあります）。一方で，パッケージ契約内のタイトルであったとしても「購読タイトル」ではなく，「たまたま読めているタイトル」や「アグリゲータのパッケージに含まれるタイトル」などにあたる場合は，そのタイトルがなくなってしまい読めなくなるからといって，価格が安くなることはまずありません。

　なお，刊行が中止されるタイトルがカバーする分野を専門とする教員などがあきらかである場合には，タイトル終刊の旨をお知らせしておくとよいかもしれません。教員などから，「同じ分野の他タイトルを新規契約したい」といった要望が寄せられる可能性もあります。

(2)　新規タイトルが創刊される場合

　「新規タイトルが創刊される」場合，学内の利用者から購読希望が出れば，来年の個別契約リストに加えることを検討します。特に要望がなければ，学内での動きはとりたててありません。ただし，創刊元の出版社が提供するパッケージを契約している場合に，新規タイトルがそのパッケージの購読対象として含まれてくるケースがあるので，購読希望がなければそのタイトルを外すことができるのかどうか，また対象

に含まれる場合には購読金額の変動が生じるかどうかなどについて，よく確認してください。

(3) 購読タイトルが別の提供元へ移管される場合

　ある研究分野における学術団体／学会などが監修や編集を行っているタイトル（一部あるいは全部）が，これまで電子ジャーナルを刊行していた出版社を離れて，別の出版社から刊行されることになる，というのが「移管」です。「移管」は頻繁に起こります。移管時には，まれにタイトル名が変更されることがあります。

　これまで個別に契約していて，来年も契約を継続することが決定している場合は，移管先の出版社とあらためて新規契約を結ぶことになります。ただ，移管を機に価格体系が変更されてしまうことがあり，しかもどちらかといえば上昇することのほうが多いため，移管情報をつかんだ際にはその価格の動きにもよく注意を払ってください。契約を中止することが決定している場合は，移管先の出版社に対して直接，あるいは代理店を通して，「継続しない」旨を伝える必要があります。

　パッケージ契約内の「購読タイトル」であった場合はちょっとやっかいです。単純に考えれば，もともとそのタイトルを刊行していた出版社によるパッケージの「購読タイトルリスト」から移管タイトルが抜けてしまうので，基本的にはその分の支払価格が減少するはずです。しかし，「購読金額を維持する」条件でパッケージを契約している場合には，抜けたタイトルの価格に相当する分として，新たに別タイトルを購読することで「穴埋め」しなければならないケースがある

ため，契約条件をよく確認する必要があります。

　さらに，移管先の出版社にて個別タイトルの契約として継続または中止を選択できるのならばよいのですが，これまた別のパッケージを契約している場合に，移管タイトルがそのパッケージの購読タイトルリストに強制的に搭載されてしまうケースが時折生じます。図書館側が翌年も継続するつもりだったのであれば，利用条件や価格の変更に注意しつつ，移管先の提供元との契約を更新することになります。しかし，たまたま「来年はそのタイトルを中止しよう」と考えていた場合には，パッケージの購読タイトルとして扱われると，そのタイトルだけをキャンセルすることができずに困ってしまいます。

　移管に際して，どうしても大学側の意に沿わない契約内容になってしまう場合は，出版社に条件を再交渉したり，契約条件に対しての要望を所属するコンソーシアムに伝えてみたりすることも重要です。

　その他，タイトル移管から生じる影響として，「論文全文を提供するプラットフォームの URL やインターフェースが変更される（各リンクやヘルプの修正が発生する）」，「利用統計の連続性に疑問が出る」，「過去巻号の提供方法や期間が変わる」，「契約の移行がうまくいかず，アクセスできない期間が生じる」，「過去巻号への永続アクセス権を保持しているにもかかわらず，旧提供元・新提供元のどちらからもアクセスできなくなる」，「過去巻号へアクセスするために新たな費用が発生してしまう」といった，諸々の問題が発生することが考えられます。

　こうした移管にまつわる問題を解決するために，

TRANSFER という実務指針が策定されています（用語集を参照）。多くの出版社や学会・団体がこの指針に準拠して問題を少なくしようと努力していますが，一時的にはどうしても予期せぬ問題が頻出してしまうことでしょう。実際に移管が行われた後，なにかしらの問題が生じた場合は，速やかに提供元（またはその代理店）に対して確認ができるようにしておきます。

(4) プラットフォームが変わる場合

　提供元は変わらなくとも「電子ジャーナルを提供するプラットフォームが別のシステムに移行する」，というのはよくあることです（例：HighWire から Silverchair に，Ingenta Connect から Atypon に移行する，など）。こうしたケースでは，提供元から移行内容やスケジュールに関する連絡があり，移行に際して必要な設定などが指示されます。たいていの場合，自動的に移行作業が行われるのですが，実際にシステムが移行した後には，URL の変更が必要だったり，リンクリゾルバやリモートアクセスシステムの再設定を行わなければならなかったり，使い勝手が変わったりしてしまうので，やはり細心の注意が必要です。

　移管／刊行中止／新規刊行といったタイトルの変動は，年末ぎりぎりになっても発生することがあり，なかなか油断のならないものです。この動きが確定しないと，パッケージ契約のタイトルリストも確定しませんし，個別契約先もハッキリしませんし，なにより見積価格が確定しないので，変動が多い年には大学側も非常に困ってしまいます。いったん確定

したと思っても，支払を済ませた後に「何か」が判明して，返金や相殺といった手続が生じることも珍しくはありません。大学側は指をくわえて動きを見守るしかないのですが，個別契約であれパッケージ契約であれ，契約中のタイトルが変動する場合には何かと注意が必要なので，情報収集を怠らないことが大切です。

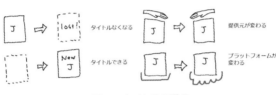

図31　タイトルの動き

7.12 次の契約をどうするか・再び

　年度の上半期は，図書館コンソーシアムの合意済提案が出始める時期ですが，電子ジャーナルの価格の動きは（一部を除き）まだ明確ではありません。実際に各パッケージや個別タイトルの価格が出揃うのは秋以降です。しかも見積価格の提示時期は提供元によって異なります。しかし，見積価格が出ていない段階であっても，ある程度「来年の契約をどうするか」の検討を進めていかなければならないのは，「1章　検討しよう」での進め方と同様です。

　ここまで，契約中の1年間を通じて，「利用状況」，「教員や院生など利用者からの希望」，「スタッフの印象」，「電子ジャーナルを評価するための指標」といった情報を収集し，積み重ねてきました。大学が契約しているパッケージや個別タイ

トルの全体像をおおよそ把握できつつあると仮定して，これらの材料を基に各契約を再度評価してみることを考えましょう。

(1) 契約中の各パッケージや個別タイトルの「過去価格上昇率」と「この数年の為替動向」，「タイトル移管動向」などを基に，来年価格の予測総額を試算します。

(2) 予測総額を，電子ジャーナルに費やすことができる来年の予測予算額に照らし合わせます。上半期の時点ではたいていの場合，来年度の予算がどうなるかの見通しはまだありませんので，とりあえず今年度と同額と仮定したうえで，差額を算出します。なお消費税の扱いは大学によって異なりますが，予算に含まれているのならば，予測総額に含めておく必要があるかもしれません。

(3) 予想金額の差分に応じて，来年の契約内容構成を検討します。
a. 予測総額が，仮定予算額を下回る場合
　　現在の契約内容をそのまま更新することに差し支えはなさそうです。さらに，利用希望がある，あるいは昨年のアクセス数からみて契約すべきと判断したパッケージや個別タイトルも，ある程度は追加できるかもしれません。とはいえ，必要のないタイトルが発見されたのであれば，中止することも検討してください。
b. 予測総額が，仮定予算額とほぼ同額である場合
　　とりあえず来年も現在の契約内容を更新することはでき

そうですが，あまり余裕がない状態です。全体の規模を変えずには済みそうなので，同じ条件で契約を維持するか，利用希望や実績に沿って契約内容を入れ替えるかなどを検討します。「内容を入れ替える」とは，新規にパッケージや個別タイトルを契約し，そのかわりに利用があまりない（特別な希望も少ない）パッケージの規模を縮小したり，個別タイトルの契約を中止したりするといったことです。また，実際の支払額は為替動向に左右されてしまうため，「調整できる幅」（遊び）をとっておくとよいでしょう。つまり，支払を行う時点で，もしも円高に振れたのであれば，新規に契約したいタイトルをいくつか加えてみる。もしも円安に振れた場合のために，中止してもよいパッケージや個別タイトルを複数準備しておく。こうした可能性を残しておくということです。

c. 予測総額が，あきらかに仮定予算額を上回ってしまう場合

現実的には，「予算は減額されるのに電子ジャーナルの見積額は値上がりする」というケースが多いと考えられます。新規にタイトルを追加するどころではなく，あきらかに契約中のパッケージの規模を縮小したり，個別タイトルを中止したりしなければならないという，差し迫った状況にあります。過去の利用状況と利用者からの契約希望タイトルリストを比較しながら優先順位を決定し，契約を変更・中止することを考えなければなりません。それどころか，これまで冊子の蔵書を購入していた費用から不足分を捻出せざるを得なくなるかもしれません（これはとりもなおさず，これまで大切にしてきた図書館の物理的な蔵書構

築をあきらめるということにつながります）。予算は足りないのに，どうしても継続しなければならないパッケージや個別タイトルが多く，さらに新規希望タイトルも追加しなければならないのであれば，あらためて来年度予算の増額を申請するべきでしょう。しかし，大学全体の予算も潤沢ではない昨今，予算を配分する権限を持つ上位の委員会や，場合によっては大学当局の理事などにまで窮状を訴えたとしても聞き入れられず，そのための調整や準備の努力が実らないこともあります。そうした場合，限られた予算内で優先度の高いパッケージやタイトルのみを購入するという事実を，教員やその他の関係者に説明するしかないという状況になるかもしれません。

　現在の契約内容と過去の利用状況・今後の利用希望を把握したうえで，来年予算額と予測支払金額のバランスを比較し，その結果によって取り得る対策を講じるという，流れそれ自体はシンプルなのですが，不確定要素が多く含まれるため，予測どおりにものごとが進むとは限りません。実際に問題が起こった時点で，周囲のスタッフや教員などを巻き込みつつ，解決策を講じていかざるを得ません。そのためにも，普段から関係するスタッフ，委員会に属する教員および購入希望を出してくれる教員，図書館以外の関係部署の職員などとコミュニケーションをとっておくことが大切です。少なくとも顔と名前が一致して挨拶できるくらいの関係を保っておくとよいかもしれません。いきなりよく知らない図書館の担当者から「困っているので助けてほしい」と訴えられるよりは，多少なりとも顔見知りであったほうが，いろいろとスムーズに

動くものです。

7.13 パッケージ契約を変更する／中止する

　「昨年の契約をそのまま継続するわけにはいかない」という判断になったときは，パッケージ契約の内容や契約期間を確認し，タイトルを「入れ替える」または「キャンセルする」，あるいは「規模を縮小する（ダウングレードする）」，「中止する」などの選択を行います。「2章　決定しよう」でも述べたとおり，パッケージ契約の変更／中止などを行うには，あらかじめ規定されたタイムリミット（「Xか月／X日前までに連絡する」などとアグリーメント／契約書に記載されています）を守る必要があります。「どこの誰に，いつまでに，何を連絡しなければならないのか」を把握したうえで，各種の調整を行うようにしましょう。

(1)　パッケージ契約が「複数年契約」の途中である場合

　初年に契約した内容を継続するという約束になっているため，原則的にパッケージ内容を変更したり中止したりすることはできません。ただし，契約内容によっては，指定された条件の下（「購読金額のn％まで」など）で，購読タイトルの入れ替えやキャンセルを行える場合もあります。または，提供元が提案する他の商品（データベースや電子ブックなど）を購入することで，その金額を購読タイトルのキャンセル分に充当できるという条件がつくこともあります。なお，「指定金額までキャンセルが可能」という条件は，あくまでも「その金額まで」であって，「何タイトルまでキャンセル可能」と

いう意味ではないことに注意してください。

　中止したいタイトルについては，「優先度に沿ったリストを作成したうえで，上から順に契約価格を積み重ね，どこまでをキャンセルできるかを検討していく」という手順をとります。高額なタイトルをキャンセルしたい場合は，その1誌を中止するだけで指定金額を使い切ってしまうかもしれません。「指定金額を微妙に上回ってしまうが，どうしても中止したいタイトル」が出た場合は，提供元との交渉が必要です。

(2)　パッケージ契約が単年契約，または複数年契約の更新年である場合

　契約内容の「ダウングレード」を検討したり，パッケージ契約そのものを中止したりすることが可能です。

①　規模を縮小（ダウングレード）する

　現在契約しているパッケージの種類を，総合的で大規模なものから，小規模なものや，主題別のものに変更することで，契約を「ダウングレード」することができます。ダウングレードすれば，タイトルあたりの単価が割高にはなるものの，契約金額はそれなりに減少します。多様なパッケージを擁している出版社のものであれば，主題別のパッケージを複数選択するといったことも考えられるでしょう。しかし，もともと小規模のパッケージを契約している場合は，それ以上に契約内容を縮小することができないため，「契約を中止」するか，「継続するなら他の何かを中止」するか，などを検討しなければなりません。また結局，「何年かしたら元の支払金額にまで価格が上昇してしまう可能性」があることを見込んでおく

必要があります。

②　中止する

　パッケージ契約を完全に中止する際には，「なんらかの代替策を講じて中止する」場合と，「代替策を講じずに中止する」場合の2種類が考えられます。代替策を講じる場合には，いままでの契約内容を「どのような手段で」，「どの程度」カバーするのかを検討しなければなりません。すでに「（たとえばアグリゲータなどの）別契約パッケージ内に，今回中止するパッケージの内容が含まれている状況にある」など，特に代替策を講じなくてもよい場合もあります。残念ながら代替策そのものが存在しない場合もあります。

(3)　転換契約を導入する

　2023年現在，パッケージ購読契約と，論文のオープンアクセス化（OA化）の費用とをセットにした「転換契約」が大手出版社／団体／学会などから提案され，研究を重視する大学での契約移行が進みつつあります（転換契約については，コラムaや巻末の参考文献を参照してください）。

　「転換契約」は，パッケージ価格の多少の上昇と引き換えに，論文をOA化するための費用が免除／支援／割引されるモデルであることから，「図書館のみならず大学全体として有利な契約になるのかどうか？　契約することによって大学の知名度や評価が高まるのかどうか？」ということを，これまで論文執筆に対して支出してきた費用の分析とともに，大学全体での費用分担を含めて検討しなければなりません。単なるパッケージ契約よりもいっそう，研究推進部門や財務部

門といった，OA 化のための費用を助成してくれる学内組織との連携と相互理解が必須となります。もちろん，論文のOA 化にかかわることから，論文を執筆する主体である所属研究者に動向や希望を聞いたり，緊密に情報共有をしたりすることも必要です。実際に導入したならば，契約期間中に論文の OA 化を積極的に進めるために，研究者に向けてワークショップの開催や働きかけを行うことになるでしょう。また提供元や他機関とのさらなる情報共有や連携も，視野に入れて考えてください。

「転換契約」そのものは，「学術コミュニケーションを，（コストがかかりすぎない）より健全な状態に移行させていく過程」の中で生まれた過渡的なモデルです。解決すべき課題も多く，決して完成されたものではありません。必ずしも「転換契約」を必要としない機関も多々あると思われます。しかし，量の多寡を問わず「電子ジャーナルを購読する」ということは，とりもなおさず学術情報の大きな流れの一部を担っているということでもあります。「転換契約」の導入が見込まれない機関であっても，こうした動きがあることは確認しておきましょう。

7.14 個別タイトルの契約を中止する／新規契約する

個別タイトルの契約は，冊子を契約する過程と重なっていることもあり，単年での契約がほとんどです（大規模な出版社が刊行する一部タイトルを除く）。この場合，パッケージ契約とは異なり，複数年契約による制限はありません。したがって毎年，継続／中止するかどうかの検討対象とすること

ができます。となると，個別タイトルは必然的に「調整弁」としての機能を持たされてしまいがちです。そのため，パッケージ契約を継続するかわりに，毎年毎年個別タイトルを中止していくといった悪循環へ容易に陥ってしまう傾向があります。いくら中止しやすいからといって，本当に中止すべきなのかどうかは，慎重に考えたほうがよいでしょう。

　一方で，パッケージ中止のあおりを受けて，ある年から個別タイトルの契約が大量に増えるということも考えられます。その場合，パッケージ契約では行う必要がなかった細かな契約事項の確認作業が増加し，各種手続や設定の手間が大幅に増えることが予想されます。

7.15 契約を中止した後のこと

　パッケージ契約にせよ個別タイトル契約にせよ，電子ジャーナルの契約を中止した場合は，中止した「その後」について，「起こりうること」をできるだけ想定しておきましょう。

　「契約中止後」に利用できる内容については，アグリーメント／契約書を交わしている場合，たいていその中に記載されていますので，あらためて状況を整理します。パッケージ契約の内容をダウングレードしたり，パッケージ契約内の購読タイトルを入れ替えたりする場合でも，変更に伴って中止される個々のタイトルについて，同様の措置が必要です。

(1) 永続アクセス権の有無と範囲
　購読タイトルの維持を必須としているパッケージ契約や，個別タイトル契約の多くには，これまで契約してきた年に刊

行された複数の巻号（過去巻号／バックイシュー）について，契約中止後にもそれらにアクセスできる権利（「永続アクセス権」，あるいは「アーカイブ権」，「アーカイバル・アクセス」，「Post Cancellation Access」，「Perpetual Access」などと呼ばれます）が付与されています。仮に来年，契約を中止することになったとしても，少なくとも過去に契約を開始した年から今年の分までは，過去巻号にアクセスできるというものです。中止したその年は，「今年刊行された新しい号が見られないだけ」ですが，年を重ねるごとにアクセスできない巻号が増加していきます。

　あるパッケージやタイトルを中止した場合，「どのタイトルに対して，いつからいつまでの過去巻号にアクセスできる権利があるのか」，それとも「まったくアクセスできないのか」などをそれぞれの契約において確認しておかなければなりません。この確認は，今後のためにも非常に重要ですので，慎重に行います。ただし，永続アクセス権を設定しているパッケージでも，契約中にアクセスできていた刊行タイトルすべてにアクセスできる権利を付与するものは少なく，たいていはもともと設定していた「購読タイトル」のみにアクセスできる，という契約条件である場合が多いです。

　さらに，電子ジャーナルのパッケージを「ひとつのデータベース」のような形（データベース・モデル）で契約していたり（IEEE Xplore など），アグリゲータが提供するコレクション（種々の出版社のコンテンツを含むが，タイトルの出入りやエンバーゴがあるパッケージ：EBSCO の Fulltext シリーズや ProQuest Central など）を契約したりしている場合，あるいはまれに個別タイトルであっても，「いったん契約を中止

したら過去巻号には一切アクセスできません」という条件が提示されていることがあります。

　自大学の図書館で，来年以降に向けて中止候補のパッケージやタイトルのリストをつくっているのであれば，「それらを中止した後にはどういった扱いになるのか」に関する情報を，中止候補リスト内に併せて含めておくとよいでしょう。中止の可否を検討する際には，過去巻号のどこまでアクセスできるのかを，後述のオープンアクセス部分と併せて確認する必要があります。

　いざ中止を決定した場合は，「来年はこれこれこのような形の契約となりますので，ご協力よろしく」といった告知を利用者に対して行わなければなりません。こうした確認あるいは広報を怠ってしまうと，実際に中止したのちに「アクセスできるタイトルが見つからない」，「アクセスできる年代がわからない」といった問題が生じてしまいます。

　中止年の初めに，「提供元が誤って閲覧権のある過去巻号まるごとに対するアクセスを止めてしまう」といった事故が起こったとき（残念なことに，こうした間違いは時折発生します），利用者は昨年まで利用できていたタイトルに突然アクセスができなくなる状況に陥り，混乱の元にもなりかねません。速やかに「契約に基づいた正しい状態」に戻すためにも，中止検討対象のタイトルについては必ず，「過去巻号のどれに（どこまで）アクセスできる権利があるのか」を注意深く確認しておきましょう。

　なお，契約を中止した後に，これまで契約していた期間に提供された電子ジャーナルコンテンツの全データを，まるごと入手する権利があるケースが（たまに）あります。しかし，

提供元の閲覧用プラットフォームを使い続けることはできなくなります。この場合は，大学側で利用者にコンテンツを提供するためのなんらかのシステムを開発・構築する必要が生じますが，簡単にそんなことはできません。過去巻号のデータがまるごと入ったディスクやメモリをポンと渡されたところで，使う手立てがなく困ってしまう状況が発生してしまいます。提供元の規定する「永続アクセス権」が，こうした困ったケースに相当していないかどうかも確認が必要です。

(2)　オープンアクセスの有無

　契約中のパッケージやタイトルに付随する「永続アクセス権」について調査・確認している最中に，「おや，このタイトルの過去巻号はオープンアクセスになっている」と発見することがあります。「オープンアクセスになっている」とは，現在の契約上で「過去巻号にアクセスする権利」がある／ないにかかわらず，それらの巻号に対しては，「いつでもどこからでも誰でもアクセスができる状態になっている」ということです。しかし，各タイトルに対してオープンアクセスとして設定される過去巻号の範囲は，タイトルごとに非常に幅が大きく，一定ではありません。そのタイトルが属している分野や，提供元の出版社や学会の方針に大きく左右されるためです。

　たとえば STM 分野で，最新の論考が重視される生化学，臨床医学分野のタイトルなどは，最新号に刊行後半年～1 年程度のエンバーゴが設定されていますが，最新の数号を除いて，バックナンバーにはほぼアクセスできる傾向にあります。一方，人文社会科学などの文系分野は，必ずしも「最新情報」

に拘泥しないため，過去巻号のオープンアクセス化が進んでいるとはいえません。一部についてはアクセス可能となっているタイトルもあります。

　そんなこんなで，電子ジャーナルの過去巻号のオープンアクセス化をとりまく事情はさまざまなのですが，契約を中止したとしても「オープンアクセス化されている巻号の論文全文にはアクセスできる」という事実を把握しておくことは重要です。翌年度の購読タイトルを検討する際には，過去巻号のオープンアクセス化やエンバーゴ期間を検討材料として明確にしておく必要がありますし，実際に中止した後にも，「一部の過去巻号にはアクセスできる」ことを学内で示せるようにしておかなければなりません。

(3)　「バックファイル」へのアクセス権購入

　タイトル最新号へのアクセス契約を中止するかわりに，過去巻号を収録したファイル（「バックファイル」）へ恒久的にアクセスできる権利（永続アクセス権）を購入するという選択肢も存在します。過去巻号がオープンアクセス化されていないタイトルについては，そのバックファイルを購入すれば，最新号の契約を中止しても，過去巻号へのアクセスは保証され，一種のセーフティネットとしての役割を果たしてくれます。提供元からプラットフォームのメンテナンスフィーを要求される場合がありますが，同じ提供元が擁する他のパッケージやタイトルを学内で契約している場合などは，メンテナンスフィーが免除されるケースが多くあります。

　バックファイルの購入に際しては，「タイトルごとに購入する」，「分野別パッケージを購入する」などのオプションが

あり，価格もそれぞれです。大学によっては，年度末になって予算額の余剰が出たときなどに，将来に備え，こうした権利を買い足すことがあります。もし，来年に中止を予定しているタイトルやパッケージについて，バックファイルへのアクセス権があることで利用者の利便性を向上させられると考えるのであれば，バックファイルの購入を検討することもひとつの方法です。念のために「過去に自大学内で過去巻号にアクセスできる権利を買い取った」記録がないかどうかも確認しておきましょう。また，国立情報学研究所（NII）が，一部出版社が刊行したタイトルのバックナンバーコンテンツを買い取り，日本国内の学術機関に対して公開しているという事例[3]もあります。関係する分野を持つ大学はその内容を押さえておくべきでしょう。

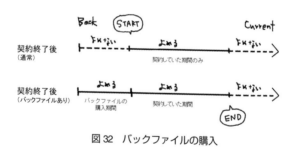

図32　バックファイルの購入

（4）　PPV の利用可能性

　ある契約パッケージやタイトルについて，過去契約年の巻号への永続アクセス権がなく，オープンアクセス化された過去巻号もなく，さらにバックファイルへのアクセス権も購入

していないという場合は，それらの契約を中止した年以降，大学の所属者はそれらのタイトルに含まれる論文へのアクセスができなくなってしまいます。しかし，電子ジャーナルの提供プラットフォームによっては，Pay per View（PPV：論文ごとにクレジット決済で購入する仕組み）の機能を利用できる場合があります。

　一般的に，利用者は自分自身の責任で，クレジットカードによって PPV の支払を行い，利用したい論文全文をダウンロードすることができます。サービスの提供元にもよりますが，たいていは最新号からバックファイルに含まれている論文までが対象となります。また，大学に所属するしないにかかわらず，誰でも利用することができます。この仕組みのよい点は，「利用者が，利用したいそのときに論文へアクセスできること」なのですが，問題となるのは「1 論文あたりの価格が決して安くはない」点と，「個人のクレジットカードを利用しなければならない」点です。PPV における論文単価は，提供元により異なりますが，10〜数十ドル台と幅広く設定されています。そうそう個人が気軽にいくつも購入できるものではありません。

　研究室や研究者に個別の予算があるといった場合は，研究費などで（立替払いにより）まかなうことも可能でしょう。しかし学部生や大学院生などの場合，予算的な後ろ盾がないことが多いため，論文入手そのものをあきらめざるを得ないかもしれません。PPV の利用では，あくまでも利用者の個別判断で論文へのアクセス権を購入することになるため，大学側はその支払に直接的に関与することができません。

　学内の利用者がアクセスしたい論文に対して，契約してい

ないために全文が読めないという場合，PPVを利用することのほかに，ILLによる複写取り寄せに誘導できるようなナビゲーションをきちんと考える必要があるでしょう（7.15(5)を参照）。ILLの場合，論文入手までに時間がかかってしまうことが難点ではありますが，「今スグ読まないと！」という要望でない限り，金銭的な問題をいくらかでも解決することができます。

　ところで，一部の大規模出版社では，指定された金額を前払いすることにより，「Pay per Viewで論文にアクセスすることができる権利」を先んじて購入できる仕組みを整えています。出版社により名称は異なりますが，ここでは便宜的に「前払いPPV」と呼びましょう。これは，学内から，「その出版社が提供する（あるいは規定する）全タイトルを，論文単位で利用できる権利」を確保することができるというものです。この仕組みを利用すれば，利用者個人が論文利用時にいちいち支払手続を行う必要はありません。どのタイトルに対しても，個別契約／パッケージ購読タイトルとして契約することなく，最新号からバックファイルまでへのアクセス権を確保しておくことができます。そのため大学図書館は，契約から漏れてしまうタイトルの代替手段として，「前払いPPV」の購入を検討することがあります。

　とはいえ，「前払いPPV」を購入する際に気をつけなければならないことがいくつかあります。

　1点目は，「1論文あたりの購入単価がそれほど安くはない」ということです。一般的に提供されるPPVの単価よりは安く設定される傾向にあり，多く購入すれば割引されることも

多いのですが，それでも安い買い物ではありません。過去の
アクセス数を確認したうえで，相応数のアクセスが可能とな
るだけの権利を購入するとなれば，それなりの金額を支払わ
ない限り，学内での需要に追いつかない可能性もあります。
その予想額が購読契約の価格を超えてしまうのであれば，「前
払い PPV」の購入は，その大学にとって適しているとはいえ
ないでしょう。一方で，過去の利用規模が小さく，今後も利
用規模がそれほど変わらないという見通しがある場合は，「前
払い PPV」を購入したほうが，パッケージ契約を行うよりも
安価な支払で済むかもしれません。つまり，いわゆる損益分
岐点を見きわめる必要があるのです。

　2 点目は，「前払い PPV」を購入しても，「PPV を通じてア
クセスできる期間に制限がつくかもしれない」ことです。提
供元によって条件は異なりますが，購入後 1 年でアクセスで
きる権利が消滅してしまう場合もあります。翌年度に繰り越
しができない，あるいは永続アクセス権を買い足すなどの特
定条件をクリアする必要があるといったリスクがあるのです。

　3 点目は，「前払い PPV」には，「購読契約とは異なり特定
タイトルの過去巻号に対する永続アクセス権が付随しない」
ということです。毎年けっこうな金額を投入するにもかかわ
らず，前払いした金額分の利用量を使い切ってしまえば，そ
れ以上のことは何もありません。利用状況によっては，個別
タイトルの再契約を検討したほうがよい場合もあるでしょう。

　4 点目は，「前払い PPV」の利用方法です。提供元のプラッ
トフォームによっては，通常の購読タイトルとの区別がまっ
たくつかない場合があります。しかし，購読タイトルのよう
に「契約期間中は無制限に使える」というわけではないので，

大学側でなんらかの制限をかけなければ，あっという間に（早い者勝ちで）権利を使い切ってしまうことが考えられます。そのため図書館は，利用者に対して，契約状況や利用方法を正しく理解してもらうように努め，権利を無駄遣いしないよう，公平に使ってもらえるように意識してもらうことが重要になってきます。具体的には，契約形態を切り替える年（年度）の前に，説明会を開催したり，チラシやウェブサイトでの広報を行ったりする必要があるでしょう。また，利用方法の変更によって，これまでは自由に利用できていた電子ジャーナルへのアクセスが制限されてしまうわけですから，学内の教員・研究者・院生などにとって，ある程度ストレスのかかる利用環境になることも否定はできません。

　以上のような点を踏まえたうえで，大学にとっての利点と欠点をよく認識し，「前払い PPV」を購入するかどうかを検討することになります。しかし，どの程度の量を購入したらよいかを予測することはたいへん難しいものです。初年はどうしても手探りにならざるを得ず，月々の計測によりパフォーマンスを評価するしかありません。これまでの他大学の事例（巻末の参考文献を参照してください）も踏まえて，なるべく自大学での利用に適した形で導入できることが望ましいと考えられます。

（5）　ILL の利用可能性

　電子ジャーナルの提供プラットフォームが PPV の機能を提供しない場合や，「大学などの機関による年間契約」以外では論文の電子版を入手できない場合などは，やはり ILL を通

じて，必要なタイトルを所蔵／契約している機関に複写を依頼しなくてはなりません。大きなパッケージに含まれるタイトルについては，だいたいにおいて「プリントアウトした複写物を ILL に用いることは可能」という契約条件があるため，電子ジャーナルの ILL を受け付けている大学図書館に対して，複写依頼をかけることができます。

　ただし，「4 章　設定しよう」の「4.3　ILL の提供方針」でもお話ししたとおり，「電子ジャーナルの複写依頼を受け付けない」方針の大学もあり，ILL ですべての要求を賄おうと考えるべきではないでしょう。また，2023 年時点では，「国内のどの大学でどのようなタイトルを契約していて，かつ ILL をどの程度許可しているのか」を横断的に一括して検索・確認できるようなツールはありません（近い将来に開発されることを期待しますが）。CiNii Books で一部の電子資料データを検索することは可能ですが，詳細については各大学の OPAC や電子ジャーナルリストを通じてひとつひとつ状況を確認しなければならないのが現状です。また「学内での利用が多いタイトル」に対しては，互恵に頼らず自大学で契約するべきという考え方もありますので，いったん中止したタイトルであっても，ILL による利用が多いようであれば，契約の再開を検討することも考えてください。

(6)　他契約での代替可能性

　契約の中止を検討している出版社／団体のパッケージに含まれるタイトル，あるいは個別契約のタイトルが，アグリゲータが提供する総合的／主題別パッケージに収録されている場合は，もともとの契約を中止して，新たな契約に乗り換え

るという手段を検討することもできます。

　ただしアグリゲータが提供するパッケージは，幅広い出版社や学会からタイトルの提供を受けているかわりに，出版社や学会が刊行するタイトルを一部しか収録していなかったり，収録されているタイトルが版権の問題で突如引き上げられる可能性があったり，エンバーゴが設定されていて最新号にアクセスできなかったり，中止した後には過去巻号にアクセスする権利が残らなかったりなど，現在の契約条件と比較すると，種々の付帯事項を完全にカバーできていないことが多いものです。また，いったん出版社／団体のパッケージ契約を中止してしまうと，過去に得られていた各種割引などの特典が今後適用されなくなることもありえます。将来的に出版社／団体のパッケージまたは個別タイトルの契約に戻る可能性が少しでも考えられるのであれば，慎重に判断する必要があるかもしれません。そしてそうであっても，現在の契約を継続した場合の見込金額と新たなパッケージ契約金額を比較し，過去の利用統計と照らし合わせた結果，「アグリゲータが提供するパッケージのほうが大幅に安価であり，かつ，多少の不便には目をつぶることができる」と判断できるのであれば，乗り換えるという決断を下すのもひとつの選択肢でしょう。

　ケース例：A出版社の刊行物を網羅したAパッケージを中止して，Bアグリゲータが作成する総合的なBパッケージに乗り換えることを検討しています。BパッケージにはA出版社が刊行するタイトルがかなり収録されていますが，全部ではありません。また，エンバーゴが設定されているため最新号にアクセスすることができません。しかし，Aパッケージの利用統計を確認すると，Bパッケージに収録されている

タイトルの利用が多いことがわかり，これまでの利用をある程度はカバーできそうです。それ以外に，よく使われていてどうしても最新号が必要ないくつかのタイトルについては，Bパッケージには収録されていないのですが，それらはA出版社と個別契約をすることでなんとかなりそうです。さらにBパッケージには，よく使われていて個別に契約中であるC学会が刊行するタイトル群も収録されているので，そちらもカバーできそうです。

　A出版社とC学会を合わせた今年の契約額と，パンフレットに記載されたBパッケージの価格を比較すると，Bパッケージのほうが大幅に安く済みそうなことが判明したので，A出版社のパッケージとC学会の個別タイトルを中止して，あらたにBアグリゲータが提供するBパッケージを契約し，A出版社の一部タイトルのみを個別で契約することにしました。ただし，Bパッケージが今後も「そのままの内容で継続される保証はない」ことが心配です。また，パッケージの契約価格も上昇傾向にあります。近い将来，Bパッケージの価格に対して予算が足りなくなる事態が生じることも考えられるため，そのときにはまた，新たな対策を考えなければならない可能性が残されています。

(7)　民間サービスの利用可能性

　ILLや「前払いPPV」とはやや趣が異なりますが，民間企業が展開するドキュメントデリバリーサービス（DDS）や，論文レンタルサービス（Article Rental Service）[4]を経由して論文を入手するという手段もあります。こうしたサービスでは，提供元のPPVを通じて利用者が個別にダウンロードするより

も少し安価に，あるいは提供元から PPV が提供されていない場合でも，（高価かもしれませんが）即時に，論文が提供される可能性があります。学内における適切な提供／出資方法を模索したり，購読タイトルとのバランスを考慮したりする必要はあるものの，条件が合えば，ILL サービスの一手段として利用を検討する余地があるかもしれません。あくまで個別利用者の求めに応じて該当論文が提供されるサービスであるため，その論文を学内所属者が共有して利用できるものではないことに注意が必要です。

（参考）研究者コミュニティによる論文共有

　研究領域によっては，研究者のコミュニティにおいて論文が共有されているケースがあります。たとえば，研究室のPC 内に関係領域の論文データをダウンロードして研究者や大学院生で共有する，文献管理ソフトや各種ストレージサービスの共有機能を利用する，知り合いの研究者から関係論文の PDF をメール送付してもらう，といったことです。通常，共有行為に対しては，対価が生じません。研究者同士の論文共有については，アグリーメント／契約書上でもある程度許容されていることであり，度を超えない限り提供元からクレームが出ることはまずありません。とはいえ，こうした共有は図書館や提供元が管理できる範疇から完全に外れており，その利用状況などを正確に確認する術はありません。購読タイトルの継続／中止を検討する際に，「研究者同士による共有」を代替手段のひとつとして主張することは難しいといえます。

アーカイブ・プロジェクトとは?

　「出版社が倒産したら，そこの電子ジャーナルは使えなくなるのか?」と，教員から尋ねられたことはありませんか? 電子ジャーナルは，冊子体と異なり実体がないため，いつかアクセスできなくなるのではという不安の声も多いのではないでしょうか。その対策として，電子ジャーナルの安定的利用と長期的保存を実現するために，世界の図書館や出版社などが取り組んできたのが「アーカイブ・プロジェクト」です。

　世界規模のプロジェクトのひとつ，CLOCKSS（クロックス）は，出版社などが倒産・買収や自然災害・戦禍などで電子ジャーナルを提供できなくなった場合に限り，かわりにオープンアクセスのコンテンツとして全世界へ公開する「ダークアーカイブ」です[5]。CLOCKSS は，プロジェクトに参加する図書館（約 300 館）と出版社など（約 440 社）からの会費収入と協働によって運営されており，不測の事態に備えて，地理的に分散した世界の 12 の機関が「アーカイブノード」として同じコンテンツを保存しています。

　日本では，CLOCKSS の活動理念と意義に賛同し，国立情報学研究所（NII）がアーカイブノードとなり，かつ，国内の大学図書館に参加を募って会費をとりまとめています。これにより，日本では 100 を超える大学図書館が CLOCKSS 参加館となっています[6]。

　もうひとつのプロジェクトである Portico（ポルティコ）は，Ithaka という非営利団体が運営し，コンテンツを集中管理している点や，不測の事態が発生した場合は Portico 参加館のみがアクセスできるという点が CLOCKSS とは異なります。参加図書館（約 1,000 館）と出版社など（約 900 社）の数は CLOCKSS を上回り，年間会費額は CLOCKSS より高く設定されています[7]。

　図書館には，必要な電子ジャーナルを将来にわたって継続的に利用できる環境を利用者に提供する役割があり，そのためには出版社とともにこの問題に取り組んでいく必要があるでしょう。

※参加組織数は，CLOCKSS，Portico ともに 2023 年 2 月時点のものです。

7.16 次の価格を調査する

　そうこうしているうちに，コンソーシアムの提案が出揃っ
てきます。そろそろ価格調査を行って，最終的な決断をしな
くてはならない時期に差しかかります。前年と同様にまずは
提供元へ，あるいは代理店を通じて，各契約の価格調査や参
考見積の依頼を行ってください。見積の取得対象は，今年度
の契約に加えて，新規契約を検討しているパッケージやタイ
トルです。中止を決定している対象があったとしても，今後
の調整に際して必要になっていく可能性がありますので，と
りあえず見積もっておくのがよいかもしれません。必要に応
じてトライアルも行います。

　見積の円価は，（もともと円価設定である場合を除き）前回
と同様に，その時点の為替動向が大きく影響します。そのた
め，少なくとも本体価格（外価）を正確に把握することが重
要です。本体価格の消費税分については，それぞれの大学で
の扱いを確認しておきます（1.7 を参照）。また，代理店を通
して見積を取得する場合は，代理店に支払う手数料（および
その消費税）の確認も忘れないようにしてください。

　なお，見積依頼を行う前には，昨年の見積書をもう一度見
返して，見積書に記載されている要素を確認するとよいでしょう。もしも昨年，記載されるべき要素が足りなくて再発行
しているなどの形跡があれば，今回は初めからそういった要
素を記載してもらえるよう，先に依頼しておきます。

7.17 次の予算を確認する

　翌年度の予算を組む季節（秋以降）には，資料を購入するための予算のうち，「電子的な資料に費やすための金額」をとりあえず決定しなければなりません。これから予算額を決定するという時期であるならば，過去1年間のデータと今後の予測値から，必要な予算規模を算出して，電子ジャーナル契約に必要な予算を組むことができる可能性があります。たとえ直接の担当者には予算を決定する権限がなかったとしても，望ましい規模の予算額をしかるべき権限を持つ人（または委員会など）に伝えておきましょう。「1章　検討しよう」でも確認したとおり，大学によって予算のあり方（項目，構造など）は異なります。予算項目ごとにどのような支払（支払手数料や会員費，消費税など）を行うことができるかを再度確認していくことが重要です。

　ところで，「電子的な資料」のうち，データベースや電子ブックを除いた「電子ジャーナルに費やすことができる金額」を確定する必要が出てくるかもしれません。しかし，あまりにきっちり予算項目を固定しすぎるのは考えものです。というのは現状，データベースと電子ジャーナルの明確な区別がつきにくいケースもある（どちらの項目に分類するべきなのかがあいまいなパッケージや商品が存在している）ため，支出項目の指定に迷ってしまったり，電子ジャーナル用の予算が足りなくなっても余っているデータベース用の予算が使えなかったり，といった問題が生じる可能性があるからです。

　予算の枠組みをなるべく柔軟に運用できるような設定をしておくと，それぞれの媒体で支払額のバランスを調整するこ

とができるため，いざ困ったときに役立つかもしれません。学内における予算の枠組みを担当者レベルで変更することは困難かもしれませんが，「項目間の融通が可能かどうか」を意識しながら確認できるとよいでしょう。

7.18 次の手順をもう一度

「2章　決定しよう」の段取りに準じて，学内での手続や提供元との交渉を進めていきます。予算と見積（あるいは予測値），各所からの要望といった情報を踏まえて，契約全体の内容を検討し，来年の契約対象リストを再び作成します。大学として契約したいすべての電子ジャーナルをカバーすることは難しいとしても，過去のデータや要望を確認したうえで，少なくとも予算内では最善と考えられるものになるように努力します。パッケージの中止や乗り換え，前払いPPV導入による影響など，考えられるリスクとその対応（予定）については，説明ができるように準備します。

最終的には，意思決定を行う委員会や組織体に持っていって決定してもらいますが，またもや再検討や再交渉を指示されるかもしれません。予算の上限がある以上はあまり大きな変更ができないと思われるものの，もし可能であれば，あらかじめ何通りかの契約パターンを準備しておくことも有効でしょう。

契約対象を正式に決定することができたら，「3章　発注・契約・支払しよう」と同様の手順で，発注先を決定する手続を行い，提供元または代理店に発注し，実際の契約・支払へと進んでいきます。中止するパッケージや個別タイトルが決

まったなら，できるだけ早くその旨を提供元・代理店に伝え，その後の対応（過去巻号へのアクセス方法やメンテナンスフィーの有無など）を確認します。また，新たに「前払いPPV」を導入するのであれば，導入にあたっての手続や設定などに必要な情報を入手します。その後は「4章　設定しよう」以降と同様の進め方となり，次の年明け（1月）または年度明け（4月）以降に，新たに契約した／中止した／変更したパッケージや個別タイトルを確認して，その内容に応じた設定と広報を行います。毎年こうした手順を繰り返し，学内で利用者が必要な電子ジャーナルを大過なく利用できる環境を維持するための努力を続けていくことになります。

7.19 らせん状のライフサイクルを進めること

電子ジャーナルのパッケージ契約に関しては，翌年も「契約内容が今年と同じ」ということはまずありません。契約のライフサイクルは，毎年新しい状況を組み入れつつ，「らせん状」に積み重なっていくものです。学内における新規・変更・中止の動向に加え，提供元におけるタイトルの移管や刊行停止，提供しているパッケージの内容や条件の変更など，契約する大学側の意思にかかわらない動きも多く，担当者がどんなに細心の注意を払っていてもカバーしきれない変動が出てきてしまいます。そして，小さな変動から大きな変動まである状況の中で，学内の教員／研究者／院生／学部生などの利用者が，研究に応じて利用したい電子ジャーナルのタイトルをできるだけ速やかに探すことができ，かつ，なるべくストレスなくアクセスできる環境を提供し続けていかなければな

りません。アクセスができない（できなくなった）場合に，代替手段をスムーズに提示する方法を模索していくことも必要です。

　電子ジャーナルの検討から決定に至る2回目の過程が，前回の過程と異なるとすれば，担当者が1年間の実務経験を通して，ある程度関連業務を見通せるようになったということではないでしょうか。「わからないことがわからない」状況から，「わからないことは何か」あるいは「今抱えている問題は何か」がわかるようになるだけでも，大きな進歩です。

　同時に，学内での手続や相談を通して各部門の担当者と，各提供元や代理店との交渉や手続を通して営業担当者と，そして情報収集や研修などを通して他大学の電子ジャーナル契約担当者と，それぞれ人的なつながりが多少なりともできていることでしょう。たとえ電子ジャーナル契約業務の担当者

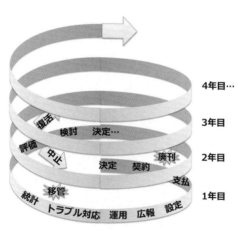

図33　らせん状のライフサイクルイメージ

が自分ひとりでも，困ったことやわからないことを，それぞれ適した方々に質問することができる状況になっていれば，閉塞した状況や山積みの課題を根本的に解決することは困難であったとしても，その時点における最善の対策を打てる可能性が高まります。

　毎年同じような作業や手続を行うにもかかわらず，状況が刻々と変動していくために，担当者はちっとも気を抜くことができません。しかも，「予算が大幅に増える」とか，「パッケージの価格がとても安くなる」，「突然円高になる」とかの良い変動はなかなか望めず，大学側にとっては常に暗中模索・待ったなしの状況であり，気持ちは暗くなりがちです。
　しかし，ちょっと目線を変えてみましょう。電子ジャーナルをとりまく世界の絶え間ない変化は，世界経済や世界のビジネス空間と直結しているものです。日々の為替変動が気になったり（円高になるとホッとする），突然の海外企業合併情報にビックリしたり，国内外の大学動向や出版情勢に敏感になったり，研究者の動きに関する情報をかき集めたり，略語や略称を多用するようになったり，うっかり来年の西暦を連呼したりなど，この担当部署に配属されるまでには考えもつかなった行動をとるようになっていませんか？
　また，オープンアクセス，オープンサイエンスという言葉が身近に聞こえてくるようになり，電子ジャーナルの購読管理と歩を合わせて考えなければならない時代がやってきました。「常に学術コミュニケーション動向の最前線を見据え，最新情報をキャッチし，その複雑な状況を学内に反映させていく」仕事であるという点では，ある意味「新しい刺激に満

ちた」,「飽きのこない」担当部署であるということもできるのです（!?）。

　この仕事には，担当者だけでは解決できない課題や，日常的に生じる問題がたくさん存在しています。図書館内外の担当者と折衝し，学外の企業団体や同業者とも接触を図り，利用動向を日々確認し，時には直接意見を聞き，教員とあれこれをはてしなく調整し……そこまでしても，満足のいく結果が得られるかはタイミングやその年の情勢によりますし，意のままにならない状況に盛大な文句も言いたくなることでしょう。さらなる課題があちこちに発生するだろうことも想像に難くありません。

　しかしそのかわりに，ひとつひとつの業務を有機的につなげ，利用者に的確なコンテンツを届けることができたときの喜び，そしてこれまで積み重ねた経験や知識や人脈など，担当者として得られる（た）ものも多くあることを忘れないでください。面倒な諸問題に向き合っていろいろと苦労した分，1 年のライフサイクルが終了したときの達成感はひとしおです。それらは必ずや今後のキャリアの糧になることでしょう。

注

1）このプロトコルは Standardized Usage Statistics Harvesting Initiative（SUSHI）と呼ばれています。用語集を参照。

　　https://www.niso.org/standards-committees/sushi/

2）COUNTER のウェブサイトでは，各種の関連情報が公開されています。

　　https://www.projectcounter.org/

3）NII が提供する NII 電子リソースリポジトリ（NII-REO）では，「我が国の大学等教育研究機関に対して，安定的・継続的に電子ジャーナル等の学術

コンテンツを提供」しています。詳細はウェブサイトを参照。

https://reo.nii.ac.jp/

4）海外では Copyright Clearance Center，DeepDyve 社，Reprint Desk 社，国内では㈱サンメディア，㈱ジー・サーチなどがサービスを展開しています。

5）CLOCKSS ウェブサイト（https://www.clockss.org/），および細川聖二 "グローバルなダーク・アーカイブ CLOCKSS：学術コミュニティーによる電子ジャーナルの長期的保存への取り組み"『情報管理』vol. 59，no. 3，2016. p. 156-164 より。

6）CLOCKSS 紹介ページ（JUSTICE）

https://contents.nii.ac.jp/justice/clockss

7）Portico　https://www.portico.org/

参考文献

　関連のトピックについて，以下に参考文献／参考ウェブサイトをリストしました。各トピックについてより詳細に知りたい方は，ぜひトライしてみてください！

〈電子ジャーナル全般について〉
・岩崎治郎 "電子ジャーナルの価格体系・契約形態の変遷と現在"『情報管理』vol. 47, no. 11, 2005. p. 733-738.
・高橋努 "大学図書館から見た電子ジャーナルの現状と課題"『電子情報通信学会誌』vol. 95, no. 1, 2012. p. 27-32.
・日本図書館情報学会研究委員会編『電子書籍と電子ジャーナル』（わかる！図書館情報学シリーズ第 1 巻）勉誠出版，2014. 176p.
・大学図書館コンソーシアム連合「参考情報」
　https://contents.nii.ac.jp/justice/documents
　※「大学図書館資料費の推移」などのグラフ提供や電子ジャーナル関係文献へのリンクなどがあり，近年の動向調査に有用です。

〈海外雑誌（冊子）の契約管理について〉
・冨岡達治 "外国雑誌「初任者」のための基礎知識"『情報の科学と技術』vol. 59, no. 6, 2009. p. 256-261.

〈各大学の事例について〉
・吉田杏子 "東邦大学における外国雑誌価格高騰への対応"『薬学図書館』vol. 57, no. 1, 2012. p. 25-30.
・仲山加奈子，菊池亮一 "ビッグディールのおわりとこれから"『図書の譜：明治大学図書館紀要』no. 18, 2014. p. 227-239.
・関澤智子 "平成 26 年度国立情報学研究所実務研修報告（研修テー

マ：電子ジャーナル契約見直しに関するモデルケース作成に向けた調査・検討）"2014.

https://contents.nii.ac.jp/sites/default/files/2020-03/h26-1_houkoku.pdf
・上田知寿子 "電子ジャーナルの契約変更と名古屋大学附属図書館医学部分館における ILL 依頼業務の変化"『医学図書館』vol. 62, no. 4, 2015. p. 251-253.
・畑埜晃平, 法常知子 "電子ジャーナル購読計画の数理最適化：九州大学における事例報告"『九州大学附属図書館研究開発室年報』2015/2016, 2015. p. 1-5.
・梅谷俊治 "1-F-5 電子ジャーナル購読計画の効率的な作成（意思決定）"『日本オペレーションズ・リサーチ学会秋季研究発表会アブストラクト集』2015. p. 112-113.
・濱生快彦 "電子ジャーナルがキャンセルできない理由：関西大学図書館の場合"『関西大学図書館フォーラム』no. 21, 2016. p. 36-39.
・赤木真由子, JUSTICE 事務局 "電子資料契約見直し事例集"2017-.
　※ JUSTICE 会員館のみに限定公開されています。
・母良田功 "昭和薬科大学図書館における電子ジャーナル契約の見直し"『薬学図書館』vol. 63, no. 1, 2018. p. 25-27.
・深澤良彰 "早稲田大学における電子ジャーナルの契約とオープンアクセスの進展への対応"『大学マネジメント』vol. 15, no. 8, 2019. p. 53-59.

〈電子リソースの管理・手法について〉
・大学図書館コンソーシアム連合（JUSTICE）『電子資料契約実務必携』2022 年 3 月改訂版. 161p.
　※非売品。JUSTICE 会員館のみに限定公開されており, 初版（2012年）の目次と用語集のみウェブサイト上で確認できます。
https://contents.nii.ac.jp/sites/default/files/justice/2021-02/justice-companion_excerpted_201203.pdf
・石山夕紀『はじめての出版社交渉』2018. 33p.

※非売品。JUSTICE 会員館にのみ限定公開されています。

・坂本里栄 "e リソース管理事情と今後の課題：地方私立大学のいち事例として"『薬学図書館』vol. 67, no. 3, 2022. p. 96-101.

・Wikoff, Karin. *Electronic Resources Management in the Academic Library: A Professional Guide*. Libraries Unlimited, 2011. 137p.

・Weir, Ryan O.（ed.）*Managing Electronic Resources: A LITA Guide*. ALA TechSource, 2012. 179p.

・Elguindi, Anne C.; Schmidt, Kari. *Electronic Resource Management: Practical Perspectives in a Newtechnical Services Model*. Chandos Publishing, 2012. 203p.

・Johnson, Peggy. *Developing and Managing Electronic Collections: The Essentials*. ALA Editions, 2013. 186p.

・Eden, Bradford Lee.（ed.）*Cutting-Edge Research in Developing the Library of the Future: New Paths for Building Future Services*. Rowman & Littlefield, 2015. 129p.

・Ross, Sheri; Sutton, Sarah. *Guide to Electronic Resource Mangement*. Libraries Unlimited, 2016. 159p.

・Patra, Nihar. *Digital Disruption and Electronic Resource Management in Libraries*. Chandos Publishing, 2017. 178p.

・Verminski, Alana; Blanchat, Kelly Marie. *Fundamentals of Electronic Resources Management*. Neal-Schuman, 2017. 244p.

・Zellers, Jessica; Adams, Tina M.; Hill, Katherine. *The ABCs of ERM: Demystifying Electronic Resource Management for Public and Academic Librarians*. Libraries Unlimited, 2018. 246p.

・Emery, Jill; Stone, Graham; McCracken, Peter. *Techniques for Electronic Resource Management: TERMS and the Transition to Open*. ALA Editions, 2020. 219p.

・Stachokas, George. *The Role of the Electronic Resources Librarian*. Chandos Publishing, 2020. 167p.

・NASIG. *NASIG Core Competencies for Electronic Resources Librarians*.

（Revised, 2021）

https://www.nasig.org/Competencies-Eresources

・Chilton, Galadriel.（ed.）*Managing Licensed E-Resources: Techniques, Tips, and Practical Advice*. Pacific University Press, 2022. 280p.

https://doi.org/10.7710/pup.945398.2022-001

〈デジタル環境全般について〉

・林豊 "最近の図書館システムの基礎知識：リンクリゾルバ，ディスカバリーサービス，文献管理ツール"『専門図書館』no. 264，2014. p. 2-8.

・細野公男，長塚隆『デジタル環境と図書館の未来：これからの図書館に求められるもの』（図書館サポートフォーラムシリーズ）日外アソシエーツ，2016. 253p.

・河塚幸子 "図書館情報資源としてのデータの活用に向けて"『情報の科学と技術』vol. 72，no. 5，2022. p. 177-182.

〈ナレッジベース（Knowledge Base）について〉

・渡邉英理子，香川朋子 "CA1784 -動向レビュー：図書館におけるナレッジベース活用の拡がりと KBART の役割"『カレントアウェアネス』no. 314，2012.

http://current.ndl.go.jp/ca1784

・これからの学術情報システム構築検討委員会ほか "ERDB-JP の概要"

https://erdb-jp.nii.ac.jp/ja/content/about_erdb-jp

・飯野勝則 "電子リソースデータの「共有」とその先に見えるもの"『大学図書館研究』vol. 111，2019. 11p.

〈ディスカバリーサービスについて〉

・飯野勝則『図書館を変える！ ウェブスケールディスカバリー入門』（ジャパンナレッジライブラリアンシリーズ）ネットアドバンス，

2016. 270p.

- ・飯野勝則 "ウェブスケールディスカバリーと新たな図書館ウェブサービスとの連携"『看護と情報：日本看護図書館協会会誌』no. 26, 2019. p. 22-28.
- ・柴田育子, 尾城友視 "一橋大学附属図書館ディスカバリーサービス改修事例報告"『一橋大学附属図書館研究開発室年報』no. 9, 2021. p. (9-03-1)-(9-03-17).

〈学術情報流通全般・オープンアクセスについて〉
- ・倉田敬子『学術情報流通とオープンアクセス』勁草書房, 2007. 196p.
- ・尾城孝一 "ビッグディールは大学にとって最適な契約モデルか？"『SPARC Japan NewsLetter』no. 5, 2010. p. 1-6.
- ・佐藤翔 "オープンアクセスの広がりと現在の争点"『情報管理』vol. 56, no. 7, 2013. p. 414-424.
- ・上田修一 "学術情報の電子化は何をもたらしたのか"『情報の科学と技術』vol. 65, no. 6, 2015. p. 238-243.
- ・栗山正光 "ハゲタカオープンアクセス出版社への警戒"『情報管理』vol. 58, no. 2, 2015. p. 92-99.
- ・有田正規 "学会誌をどう出版するか：商業出版社に託す場合の注意点"『情報管理』vol. 59, no. 6, 2016. p. 377-383.
- ・倉田敬子 "オープンアクセスの進展と新たな展開"『専門図書館』no. 279, 2016. p. 64-69.
- ・横井慶子 "オープンアクセスジャーナル"『専門図書館』no. 279, 2016. p. 70-74.
- ・松林麻実子 "オープンアクセスと大学図書館"『専門図書館』no. 279, 2016. p. 75-79.
- ・尾城孝一, 市古みどり "オープンアクセスの現在地とその先にあるもの"『大学図書館研究』vol. 109, 2018. 13p.
- ・小陳左和子, 矢野恵子 "ジャーナル購読からオープンアクセス出

版への転換に向けて”『大学図書館研究』vol. 109, 2018. 15p.

・林和弘“日本の学術電子ジャーナルの現状・課題とオープンサイエンスの進展を踏まえた展望”『情報の科学と技術』vol. 69, no. 11, 2019. p. 492-496.

・平田義郎, 玉川恵理, 山形知実, 立原ゆり“購読モデルから OA 出版モデルへの転換をめざして – JUSTICE の OA2020 ロードマップの紹介”『薬学図書館』vol. 65, no. 1, 2020. p. 31-35.

・尾城孝一“進化するプレプリントの風景”『情報の科学と技術』vol. 70, no. 2, 2020. p. 83-86.

・玉川恵理“OA2020 ロードマップに基づく JUSTICE の OA 出版モデル交渉について”『薬学図書館』vol. 65, no. 4, 2020. p. 188-193.

・有田正規『学術出版の来た道』岩波書店, 2021. 164p.

・野村紀匡“プレプリントの動向とプレプリントサービスのビジネスモデル”『情報の科学と技術』vol. 71, no. 9, 2021. p. 408-413.

・宮地佐保, 寺嶋梓“大阪大学における「Read & Publish モデル」契約の事例報告”『大学図書館研究』vol. 119, 2021. 6p.

・立原ゆり“オープンアクセス契約の類型化と課題”第 9 回学術コミュニケーションセミナー（月刊 JPCOAR）発表資料. 2022. 6. https://doi.org/10.34477/0002000165

・北川正路“電子ジャーナルの「転換契約」への大学図書館と図書館コンソーシアムの対応”『薬学図書館』vol. 67, no. 2, 2022. p. 48-52.

・アンダーソン, リック（宮入暢子訳）『学術コミュニケーション入門 知っているようで知らない 128 の疑問』アドスリー, 2022. 330p.

・佐藤翔“学術情報流通の多様化：査読誌の「4 機能」の変化”『情報の科学と技術』vol. 73, no. 1, 2023. p. 2-8.

・伊藤憲二“学術雑誌”『情報の科学と技術』vol. 73, no. 1, 2023. p. 9-14.

・重松麦穂“プレプリントの概況と日本発のプレプリントサーバ「Jxiv（ジェイカイブ）」”『情報の科学と技術』vol. 73, no. 1, 2023. p. 15-20.

・井出和希，林和弘，小柴等 "プレダトリージャーナル判定リストの実態調査" 『NISTEP RESEARCH MATERIAL』no. 326, 2023. 27p.

〈利用統計について〉

・加藤信哉 "COUNTER について" 『薬学図書館』vol. 52, no. 3, 2007. p. 258-269.

・浅野ゆう子 "平成 27 年度国立情報学研究所実務研修報告（研修テーマ：電子リソースの利用統計の収集・分析とその活用方法に関する調査）" 2016.
https://contents.nii.ac.jp/sites/default/files/2020-03/h27-1_seika.pdf

・末田真樹子 "電子リソースの利用統計に関する調査報告" 『大学図書館研究』vol. 107, 2017. 8p.

・Mellins-Cohen, Tasha（Wiley 社による日本語訳）『図書館員のための COUNTER 実務指針　第 5 版　フレンドリー・ガイド』Wiley/COUNTER, 2021. 22p.

・Hendry, John（Wiley 社による日本語訳）『図書館員のための COUNTER 実務指針　第 5 版　ジャーナル：メトリックと標準ビューを理解する　モジュール 2：ジャーナルの利用統計』Wiley/COUNTER, 2021. 18p.

〈学術情報の評価について〉

・古林奈保子 "引用情報に基づく研究の分析・評価" 『情報の科学と技術』vol. 64, no. 12, 2014. p. 520-526.

・日本図書館情報学会研究委員会編 『情報の評価とコレクション形成』（わかる！図書館情報学シリーズ第 2 巻）勉誠出版, 2015. 176p.

・佐藤翔，吉田光男 "オルトメトリクスは論文評価を変えるか：ソーシャルメディアで算出する新たな指標" 『化学 = Chemistry』vol. 71, no. 2, 2016. p. 23-28.

・佐藤翔 "E1899 - オルトメトリクスに関する NISO 推奨指針" 『カレントアウェアネス-E』no. 322, 2017. 03. 23.

https://current.ndl.go.jp/e1899
・孫媛 "研究評価のための指標：その現状と展望"『情報の科学と技術』vol. 67, no. 4, 2017. p. 179-184.
・船守美穂 "なぜ今，研究評価か？：学術情報流通と研究評価の関係性"『薬学図書館』vol. 65, no. 4, 2020. p. 160-167.
・棚橋佳子 "ジャーナル・インパクトファクターの基礎知識：ライデン声明以降の JIF"樹村房，2022. 147p.
・林隆之，佐々木結，沼尻保奈美 "研究評価改革とオープンサイエンス：国際的進展と日本の状況"『情報の科学と技術』vol. 73, no. 1, 2023. p. 26-31.

用語集

※ JUSTICE 運営委員会の許可を得て，大学図書館コンソーシアム連合（JUSTICE）『電子資料契約実務必携』2017. 3 改訂版／用語集部分より抜粋したものを転載しています。必ずしも本文内の用語および表記と一致しているわけではありません。また 2023 年 3 月，本書の改訂に伴い，一部項目内に補足を追加しました。

アーカイブ（Archive）

電子化された学術情報が蓄積された総体のこと。生産時点で電子化して刊行されているものと，過去に紙媒体で刊行されたものを遡及的に電子化したものの，2 つのケースがある。バックファイルと同じ意味で使われることも多い。（→バックファイル）

ICOLC（International Coalition of Library Consortia）＜あいころく＞

国際図書館コンソーシアム連合。1997 年に米国セントルイスで非公式に開催されたコンソーシアムのコンソーシアム（COC: Consortium of Consortia）から発展した。現在は北米を中心に各国の 200 あまりのコンソーシアムが参加。毎年 2 回会合を行い，電子情報資源に関する情報，出版社やベンダーの価格設定やライセンシングに関する情報などを共有し，共通する問題の討議を行う。日本からは JUSTICE が参加しており，参加報告を JUSTICE のサイトに掲載している。

IP アドレス（Internet Protocol Address）

ネットワークに接続する機器に割り振られるネットワーク上の住所。電子資料のサイトライセンス（Site License）契約では，契約機関の IP アドレスの範囲を版元に伝え，その範囲内からの利用を可能とする「IP アドレス認証」が主流である。

アクティベート（Activate）

電子ジャーナルを利用可能にするために，利用登録などの設定を出版社のホームページ上などで行う作業のこと。パッケージ契約ではこの作業が必要ない場合が多いが，タイトル単位の契約では多くの場合にこれを行う必要がある。

アグリゲータ（Aggregator）

複数出版社の電子ジャーナルなどを分野別などにまとめて提供するサービスを行う業者の総称。提供されるサービスの多くは文献データベースを備え，その検索結果からフルテキストを表示できる機能を備えている。ただし，アグリゲータが提供できる電子的なコンテンツは，刊行後一定期間の提供禁止（エンバーゴ）や，契約期間終了後のアクセス権がないなど，出版社が直接提供する場合に比べて何らかの制約がある場合が多い。

ERMS（Electronic Resources Management System）＜いー・あーる・えむ・えす＞

電子情報資源管理システム。従来の図書館業務用システムでは対応できていない，電子資料特有の契約・管理項目にも対応した，電子資料のための管理システム。

E-only（Online only）＜いー・おんりー＞

学術資料の契約において，冊子体を含めない電子ジャーナルのみの購読形態をいう。冊子体の購読と電子ジャーナルのアクセス権を合わせた契約形態を「Print + Online」あるいは「P + E」などと表現する。

移管（Transfer）

タイトルの出版社間の版権移動のこと。学会から商業出版社に移動したり，商業出版社間を移動したりといろいろなケースがある。これによって提供プラットフォームが変わるだけでなく，提供される刊行年の範囲が変わったり，場合によってはアクセスそのものが不可になったり，さらには価格が急騰したりすることが問題となっている。（→移管誌）

移管誌（Transfer タイトル）

ある出版社から別の出版社へ，刊行（発行）元が変更されたタイトルを指す。タイトルが出版社間で移動することにより，利用者への途切れのないアクセスを確保する責務のある図書館にとって，多くの問題が生じている。（→移管）

ウォークインユーザー（Walk-in-user）

所属機関の構成員以外の図書館利用者のこと。電子資料の利用の場合，Terms and Conditions や契約条件の中でウォークインユーザーの利用資格の有無が明示されている場合が多い。

APC（Article Processing Charge）＜えー・ぴー・しー＞

論文出版加工料，論文掲載加工料，論文処理費用，オープンアクセス出版料，などと訳される。論文をオープンアクセスにするための出版費用として，著者が負担する。学会誌では，学会員と非会員とで APC の金額に差を設けたり，また出版社によっては，機関のパッケージ契約金額に応じて APC の割引サービスを行ったり，途上国の研究者に対し APC を免除したりするところもある。

STM・SSH ＜えす・てぃー・えむ，えす・えす・えいち＞

STM は科学（Science）・技術（Technology）・医学（Medicine）分野を，SSH は社会科学（Social Science）・人文科学（Humanities）分野を指す。SSH は HSS と表記される場合もある。

NII-REO（NII Repository of Electronic Journals and Online Publications）＜えぬあいあい・れお＞

国立情報学研究所（NII）が JUSTICE 等の関連組織と連携し，各出版社との契約に基づき，電子ジャーナルや人文社会科学系電子コレクションなどのコンテンツをローカルマウントしているもので，出版社との契約終了後も契約期間の巻号を永続的に利用できるなど，安定的・継続的なアクセスを提供する。また，搭載された各出版社の電子ジャーナルなどのコンテンツを横断検索することが可能となっている。

FTE（Full-Time Equivalents）＜えふ・てぃー・いー＞

電子ジャーナルなどのライセンス契約の際，価格算出上の目安となる機関の規模を示す指標の1つ。本来は，構成員数（Head Count）に，構成員の年間総職務従事時間に占める研究従事時間の割合＝研究従事率（FTE 換算係数）を掛けたものを指すが，現在では単純に構成員数を FTE と呼ぶ出版社が多い。

なお，日本の研究者における研究従事率（FTE 換算係数）については，文部科学省科学技術・学術政策局が 2014 年 11 月に出した，「大学等におけるフルタイム換算データに関する調査 報告書」が参考となる。

エンバーゴ（Embargo）

掲載禁止期間のこと。出版社が電子ジャーナルを刊行してから一定の期間，アグリゲータなどによる提供を禁止することを指す。電子ジャーナルが登場した当初は，冊子体で刊行されてから電子媒体で利用できるようになるまでのタイムラグを指していたが，電子媒体が冊子体とほぼ同時期か冊子体よりも先に利用できる状況に変わってきたことから，現在ではこの意味で使われることはほとんどなくなっている。

オープンアクセス（Open Access, OA）

電子コンテンツに無料でアクセスして利用できることを指し，ほとんどの場合，研究，教育，その他の目的で自由に利用できる。オープンアクセスの実現手段として，セルフアーカイブ（グリーン・ロード）とオープンアクセス雑誌（ゴールド・ロード）の2つがある。セルフアーカイブは，機関リポジトリ等に対して論文の執筆者が自著論文を登録するものである。オープンアクセス雑誌は，その論文がオンラインで誰でも無料で利用できる査読済み雑誌で，論文の執筆者が論文出版加工料（APC）などの形で出版経費を支払う場合と，助成金などで出版経費を賄う場合がある。

COUNTER（Counting Online Usage of Networked Electronic Resources）＜かうんたー＞

オンライン情報サービスの利用統計を標準化するために，図書館員と出版社により 2002 年に設立された非営利団体。信頼性があり，比較可能で，一貫性，互換性のある利用統計（usage statistics）が必要であるとの観点から，COUNTER 実施規則（利用統計のフォーマット）が全世界の図書館員，出版社，仲介業者やその職能団体によって遵守されている。JUSTICE の標準提案書では，対象製品の利用統計が COUNTER に準拠しているかどうか，準拠している場合そのバージョンを記載する項目を設けている。

学認（学術認証フェデレーション，GakuNin）

日本における Shibboleth の公式なフェデレーション。日本における Shibboleth の運用管理や普及活動を行っており，事務局は国立情報学研究所（NII）におかれている。

カレントファイル（Current File）

契約当該年に刊行された電子的なコンテンツのこと。バックファイルやアーカイブなどと区別する際に使用する。当該年の契約のことを「カレント契約」などと表現することも多い。

CLOCKSS ＜くろっくす＞

出版社と図書館が共同で取り組んでいる世界的なダークアーカイブ・プロジェクト。出版社の倒産，自然災害などによって電子資料のコンテンツが出版社から提供されなくなった場合，対象コンテンツをオープンアクセスで公開する。

対象コンテンツを収集・保存している機関はアーカイブノードと呼ばれ，不測の事態に備えて全世界の 12 か所に分散している。JUSTICE では日本のアーカイブノードである国立情報学研究所（NII）との連携の下，CLOCKSS への国内からの参加館拡充を図っている。また，CLOCKSS 未参加の出版社に対しては，交渉時に参加を要求している。

契約終了後アクセス（post-termination access，ポストキャンセレーションアクセス，post-cancellation access，アーカイバルアクセス，archival access）

電子資料の契約期間中に利用できるコンテンツを契約中止（終了）後も引き続き利用する権利のこと。この権利が保証されるかどうかや，保証される場合の対象範囲などは出版社や製品毎に異なる。

購読維持・購読規模維持

パッケージ契約において契約額算出の基準になっている「購読誌」を，パッケージ契約期間中は購読し続けること。出版社がパッケージ契約にあたって前提条件（義務）としていることも多く，その場合は，何らかのタイトルをキャンセルして購読金額を減らすということができない。購読規模維持の場合，一定の範囲で購読誌の変更が可能だが，購読金額を減らさないことを条件として課されることが多い。

購読誌

広義には購読している雑誌タイトルのことを指すが，狭義にはパッケージ契約において契約額算出の基準となる，ある特定の時点で購読していたタイトルのことを指す。パッケージ契約を継続して契約している場合，利用面では「購読誌」であっても「非購読誌」であっても基本的には変わりがないが，契約を中止した後は，「購読誌」の方が広範な権利を認められるケースが多い。

購入型（買い切り型）

利用を続けるために継続的（多くの場合は毎年）支払いが必要な「購読型」に対して，一度きりの支払いで永続的な利用が可能な販売形態。ただし，完全に一度きりの支払いでは終わらず，購入以降も継続して（多くの場合は毎年），プラットフォーム使用料やサーバメンテナンス料金として「メンテナンスフィー」の支払いが必要なものもある。

コースパック（Course Pack）

学生の自学自習や通信教育のために作成される，または講義等で

補助的に用いられる教材のこと。電子資料のコンテンツでも，契約により出版社（権利者）の許諾が得られていれば，その条件の範囲内でコースパックに使用することができる。

コンソーシアム（Consortium）

共同で何らかの目的に沿った活動を行うための，2つ以上の成員（組織，個人など）から成る団体のこと。大学図書館においては，複数の参加機関が共同して電子ジャーナルなどを購入する連合体のことを指す場合が多いが，それ以外を目的としたコンソーシアムも多く存在する。また，電子ジャーナル購入のためのコンソーシアムについても，出版社との契約そのものを一元的に行うものから，各参加機関の出版社との契約・利用条件を一元的に交渉するもの，参加機関に出版社からの提案を案内するに止まるものまで，世界的には様々な性格のものが存在する。日本では，JUSTICE 以外にも日本医学図書館協会（JMLA），日本薬学図書館協議会（JPLA）などがコンソーシアムとして出版社と交渉を行っている。

サイト

サイトライセンス契約において，契約額算出の基準となる地理的な単位。出版社によって定義が異なるため注意が必要である。例としては，「1 キャンパスごとに 1 サイト」，「1 大学で 1 サイト」などがある。

サイトライセンス（Site License）

サイトライセンス（契約）とは，大学などの「組織単位」で電子ジャーナル利用のライセンスを購入する契約のこと。通常，サイトライセンスは登録した IP アドレスの範囲からの利用を無制限に認めている。

冊子体（プリント版）

電子資料に対しての，紙の印刷資料の呼称。

Systematic Download ＜しすてまてぃっく・だうんろーど＞

自動ダウンロードソフトなどを利用し，電子ジャーナルなどの論文記事を機械的にダウンロードすること。このような機械的なダ

ウンロードは，不正な利用方法であるだけではなく，サーバに大きな負荷をかけることにもなるので，Terms and Conditions や契約条件で禁止されていることが多い。機械的なダウンロードを行うと提供元からアクセスを停止されることがある。また，手動であっても，短時間に大量のダウンロードを行うと，機械的なダウンロードとみなされてしまう場合がある。

Shibboleth ＜しぼれす＞

米国 EDUCAUSE/ Internet2 にて 2000 年に発足したプロジェクト，またその開発された技術の名称。所属や身分など，利用者の「属性」を示す情報をもとにサービスの利用可否を判断する，利用者認証方法の 1 つである。リモートアクセスの手段の 1 つであり，学認もこの技術を使用している。

JUSTICE (Japan Alliance of University Library Consortia for E-Resources) ＜じゃすてぃす＞

大学図書館コンソーシアム連合。国公私立大学図書館協力委員会と国立情報学研究所との間で 2010 年 10 月 13 日に締結された『連携・協力の推進に関する協定書』の趣旨に基づき 2011 年 4 月 1 日に発足した。それまでの JANUL コンソーシアムと PULC とを統合したコンソーシアム。

Jan-Dec ＜じゃん・でっく＞

契約期間が，1 月から当年 12 月（January-December）であることを指す。なお，このほかに，4 月から翌年 3 月（April-March）の年度単位の契約や，任意の月から 1 年間といった契約などもある。

SUSHI (Standardized Usage Statistics Harvesting Initiative) ＜すし＞

2005 年に米国情報標準化機構（NISO）が開始したプロジェクトで，COUNTER 準拠の利用統計データを自動的にローカル・システムに取得できるプロトコルを開発することを目的としている。すでに ANSI/ NISO Z39. 93:2007 としてプロトコルが規格化され，SUSHI プロトコルに対応している出版社は 2012 年 2 月時点で 38 社ある。

［補足］2023 年 2 月時点では，対応している出版社／機関は 280 を超えている。

ダークアーカイブ（Dark Archive）

出版社の倒産，自然災害などによって，電子資料が提供されなくなった場合に備えた電子的アーカイブ。通常はアクセスできないが，非常時に限り利用することができるようになる。代表的なダークアーカイブサービスには，「CLOCKSS」や「Portico」がある。それに対し，常時アクセス可能なアーカイブ（出版社のサイト，NII-REO など）を，ダークアーカイブの対概念として，ライトアーカイブ（Light Archive）と呼ぶこともある。

Terms and Conditions ＜たーむず・あんど・こんでぃしょんず＞

電子資料の利用条件。契約時に書面で提示されたり，出版社のウェブサイトで公開されたりする。どのような範囲の利用者にどのような内容の利用が認められるのか，電子コンテンツを ILL で提供して良いか否かなどの諸々の条件が記載されている。電子資料の利用の際には，これを遵守する必要がある。

ダブルディッピング（Double Dipping）

同じところから受け取る二重の収入のことで，「二重取り」や「二重払い」と訳される。

電子資料では，ハイブリッド OA 誌に対して，著者は自身の論文の OA 化のために APC を支払い，著者の所属機関はその論文が掲載された雑誌を，購読料を支払って購読することから，機関全体としては二重の支払いをしているのではないかということが懸念されている。

Tier ＜てぃあ＞

電子的なコンテンツを契約する際の出版社による価格設定方法の 1 つ。購読機関を構成員数（FTE），論文投稿数，コンテンツの利用量（Usage），購読規模などの要素によってグループ（Tier）に分類し，グループごとに価格付けを行う。（→ Band）

提案書

電子資料契約においては，出版社からコンソーシアムなどに提示される契約条件についての案内書を指し，JUSTICE はこの「提案書」の記載事項について出版社と交渉を行っている。合意に至れば会員館向けに開示し，各会員館において契約を行うか否かの判断材料となる。

DDP（Deeply Discounted Price, Deeply Discounted Print）＜でぃー・でぃー・ぴー＞

電子ジャーナルパッケージの契約に加えて任意の冊子体を購読する場合などに適用される，リストプライスから大幅に値引きされた価格のこと。出版社によっては「購読誌であること」など，値引き価格の適用に際して条件をつけている場合がある。

ディスカバリーサービス（Discovery Service, ウェブスケール・ディスカバリーサービス）

OPAC に登録されている資料だけでなく，契約しているデータベースや電子ジャーナル，電子ブックなどのさまざまな電子資料をまとめて検索できるツール。ウェブスケール・ディスカバリーサービスとも呼ばれる。

データベースモデル（Database Model）

その出版社が刊行する電子ジャーナルの大規模なタイトル群を，一つのデータベースとして扱う契約モデル。ビッグディールと異なり，購読誌の概念自体がなくなるため，契約機関では購読管理が煩雑でなくなるというメリットがある。一方，購読誌の増減によって契約額を調整することが一切できないなど，ビッグディール以上に柔軟性がない契約モデルといえる。

テキスト／データマイニング（Text and Data Mining）

大量の電子テキストやデータから，知識・情報を抽出する技術。ある用語の出現頻度や，どのような用語と同時に出現するかといった出現傾向，その時系列変化などを調査・分析したりすることで，有用な情報を取り出すものである。

JUSTICE の標準提案書では，対象製品について，研究目的でのテキスト／データマイニングの可否を記載する項目を設けている。

電子ジャーナル (Online Journal, Electronic Journal, OJ, EJ)

従来は印刷物として出版されていた雑誌と同等の内容を，電子媒体を用いて出版したもので，現在は HTML 形式や PDF 形式で提供され，ブラウザを用いて利用するのが主流となっている。

トライアル・サービス

電子ジャーナルやデータベースを，一定期間，試行的に利用可能とするサービス。単に「トライアル」とも呼ばれる。有料サービス，無料サービスどちらもある。本契約の参考とするために，利用者のニーズを把握する目的で利用されることが多い。

TRANSFER Code of Practice（TRANSFER 実務指針）＜とらんすふぁー・こーど・おぶ・ぷらくてぃす＞

学術雑誌の出版社が変わる際に，移行元・移行先の出版社が実施すべき事項をガイドラインとしてまとめたもの。出版社が変わることにより発生する可能性がある諸問題を最小限にし，利用者が引き続き円滑にアクセスできるよう保証することを目指している。2006 年 4 月に UKSG（英国逐次刊行物グループ）内にワーキンググループが設置され，2007 年 4 月に初版，2008 年 9 月に第 2 版が刊行された。2014 年に維持管理が UKSG より NISO に移行し，同年 3 月に第 3 版が刊行された。2016 年 1 月現在，50 の出版社がこの実務指針への準拠を表明している。

　［補足］2023 年 2 月現在は第 5 版となり，90 以上の出版社が準拠している。

ナショナルサイトライセンス

国単位で電子ジャーナルなどのアクセスを可能とする契約形態。日本では，国立情報学研究所（NII）が OUP（Oxford University Press）の1996〜2003年の刊行タイトルの一部をナショナルサイトライセンス契約し，国内の学術機関向けに提供している。また，JUSTICE と Springer 社が合意した特別包括提案により，SpringerLink の

236

電子ジャーナル約 1,000 誌のバックファイル（創刊号〜1999 年）を，NII-REO で提供している。

日本版シリアルズ・クライズ（Serials Crisis）

1980 年代，STM（科学・技術・医学）分野の学術雑誌の価格は毎年 2 桁にも達する上昇率で値上がりを続け，その結果，個人購読や大学図書館における購読が減少し，購読者数の減少がさらなる価格の高騰を招くという閉塞状況がおきた。日本では，外国雑誌の購読の判断が学部，学科，講座，教員単位で相互に調整なしに独立して行われていたため，コア・ジャーナルを多くの大学で継続購読し，レア・ジャーナルが購読中止された結果，表立った変化は 1990 年代になって，全体としての外国雑誌のタイトル数が激減するという形で現出した。（大学図書館において購入する外国雑誌のタイトル数は，1988〜1989 年，日本全体で 4 万タイトル弱を購入していたが，1997 年の段階では，2 万タイトル強にまで減少した。）この状況を「日本版シリアルズ・クライズ」と呼ぶ。

ハイブリッド OA 誌

掲載される個々の論文毎に，APC を負担してオープンアクセスにするかどうかを著者が選択する方式の雑誌。APC を支払った論文のみがオープンアクセスとなるため，一つの雑誌にオープンアクセス論文と有料論文とが混在する。また，年間購読料金と APC による出版社収入のダブルディッピングが発生することが問題視されている。

バックファイル（Back File）

契約時より前に刊行された電子的なコンテンツのこと。アーカイブと同じ意味で使われることが多い。生産された時点で電子化されている場合と紙媒体で生産されたものを電子化した場合がある。購読契約中に利用できる範囲や購読をキャンセルした時点で契約期間のバックファイルを利用できるかどうかは，契約条件による。（→アーカイブ）

パッケージ（Package）・パッケージ契約

広義には，出版社（または複数出版社の電子ジャーナルを提供するアグリゲータ）が設定するコンテンツの提供形式の1つで，複数のタイトルをセット化したものを指す。従って，必ずしもビッグディール（Big Deal）のみを指すものではないが，狭義には同義に使用されることが多い。基本的には，パッケージ単位で契約料金が設定される。コレクション（Collection）と呼ぶ場合もある。

Band ＜ばんど＞

電子的なコンテンツを契約する際の出版社による価格設定方法の1つ。購読機関を構成員数（FTE），論文投稿数，コンテンツの利用量（Usage），購読規模などの要素によってグループ（Band）に分類し，グループごとに価格付けを行う。（→ Tier）

ビッグディール（Big Deal）

タイトル単位ではなく，その出版社が刊行しているほぼ全てのタイトル，あるいは特定分野の複数タイトルなど，まとまった規模のタイトルを利用できるような契約形態のこと。通常は過去の冊子体購読実績額あるいはそれに一定額を加えた金額を支払うことが契約の条件となる。大きな追加支出をすることなく利用可能タイトル数を大幅に増やすことができるというメリットがある反面，購読規模の維持を求められることがあるため，購読誌を中止することで支出額を削減することができないなど，タイトル選定の柔軟性に乏しいというデメリットがある。（→購読維持・購読規模維持）

不正ダウンロード

営利目的など，利用条件を逸脱する論文記事のダウンロード，ファイル保存のこと。正規に認められた利用者が，通常の閲覧利用の結果として論文記事をダウンロードすることは，ダウンロードした論文記事の多寡に関わらず不正利用とはいえない。ただし，短時間に大量のダウンロードを行うと，提供元に Systematic Download と誤認識される場合がある。

プライスキャップ（Price CAP）

価格上昇の抑制を目的に設定される，それ以上は値上げしないという上限のこと。通常，冊子体の前年カタログ価格（リストプライス）や電子ジャーナルの基本料金に対して翌年の値上げは何％以下に抑える，というような設定を行う。

Pay per View ＜ぺい・ぱー・びゅー＞

電子コンテンツを，論文や章などの単位でウェブ上で1件ごとに支払って利用する方式。ILL 等に比べると割高だが，基本的にはその場ですぐに文献を入手できるメリットがある。クレジットカード払いが主流なので，大学によっては校費での支払いに対応していないケースがある。出版社によっては，機関向け Pay per view サービスを提供しているところもある。

ベンダー（Vendor）

電子資料の提供元のこと。出版社以外の，版権をもっていないアグリゲータなどのことを指す場合が多い。リンクリゾルバなどのツールの提供元もこう呼ぶ。

MARC レコード（Machine Readable Cataloging Record）

書誌的記録を機械可読の形式で電子媒体に収容したものを指し，電子資料の書誌情報もそのように称される。契約タイトルの MARC レコードを自機関のシステムに取り込むことで，OPAC 等で冊子体，電子版を問わず網羅的に検索することができる。電子資料の契約機関に対し，無償で MARC レコードを提供している出版社もある。

メタデータ

書誌情報にあたるもの。電子資料においては，タイトルや著者，URL などの情報を含んでいる。

メンテナンスフィー（Maintenance Fee，メンテナンス料金，ホスティング料金）

購入型（買切型）の製品について，翌年以降も継続して使用するために必要な料金。アクセスフィー（アクセス料金），ホスティン

グフィー（ホスティング料金）などともいう。プラットフォーム使用料金やサーバメンテナンス料金などが含まれている。購読型の電子ジャーナルや電子ブックについても，契約終了後にアクセスするために，この料金の支払いが必要になる場合がある。（→契約終了後アクセス）

Usage ＜ゆーせっじ＞

電子資料の利用量のこと。電子ジャーナルにおいては，基本的に，該当期間内の論文フルテキストダウンロード回数のことを指す。

ライセンス（License）

電子資料についての，出版社・ベンダーから契約機関に対する利用許諾のこと。電子資料は，基本的に出版社・ベンダーのサーバ上に存在しているコンテンツへのアクセス権という形で提供されるため，冊子体の時代のモノを買い取る売買契約とは異なる，「ライセンス契約」という契約形態となる。（→ライセンス・アグリーメント）

ライセンス・アグリーメント（License Agreement）

ライセンス合意書，ライセンス契約書，単に Agreement ともいう。契約機関と出版社・ベンダー間で結ばれる契約のための書類で，契約価格や利用条件などの契約詳細が記載されている。（→ライセンス）

リザーブ（Reserve）

電子リザーブともいう。大学の講義で使用するために教員が選定する指定図書やシラバスなどを，電子的に蓄積して，学生に提供するサービスのこと。電子資料のコンテンツでも，契約で出版社（権利者）の許諾が得られていれば，その条件の範囲内でリザーブに使用することができる。

リストプライス

コンソーシアム価格などの割引価格に対して，（価格リストに載っている）定価のことを指す。

リバースチャージ

消費税の課税方式のひとつ。電子ジャーナルなどの電気通信利用役務の提供に関して，従来は国外からの提供であれば国外取引として不課税であったが，2015 年 4 月の消費税法の改正により，提供する側が国内か国外かによらず，提供を受ける側の住所が国内であれば国内取引として消費税が課されることとなった。さらに，国外から提供される電気通信利用役務のうち，「事業者向け電気通信利用役務の提供」にあたるものについては，提供する側が消費税の申告・納税を行う（代理店等に消費税を含めて支払う）のではなく，提供を受けた国内事業者が消費税の申告・納税を行う課税方式となった。この課税方式をリバースチャージ方式という。リバースチャージ方式に該当する契約では，代理店等からの請求書に記載されている（代理店等に対して支払う）金額とは別に，電子ジャーナルなどを契約した機関が消費税の申告・納税を行う義務がある。

リモートアクセス（Remote Access）

契約している電子ジャーナルやデータベースを，外出先や自宅から，大学等のネットワークを経由して，学内から利用するのと同様に利用すること。利用者 ID とパスワードにより，当該契約機関の構成員であることを確認した上で利用させる「認証制」をとることが一般的である。Terms and Conditions や契約条件にその可否が記載される場合もある。

リンクリゾルバ

データベースの検索結果や OPAC の検索結果から，利用可能な電子ジャーナルや電子ブックなどの他のリソースへのリンク（ナビゲート）を提供するツール。多くの機能があるので利用方法はさまざまである。

ローカルマウント（ローカルホスト）

サービス利用者側でサーバを用意し，そこに契約対象である電子ジャーナルやデータベースなどの電子的コンテンツを搭載するこ

と。電子ジャーナルやデータベースは，通常ネットワークを介して，サービス提供者（出版社・ベンダー）の管理するサーバへアクセスして利用するが，契約終了後に，契約していた期間分のコンテンツへアクセスする場合，メンテナンスフィーが必要となることが多い。コンテンツをローカルマウントすると，別途サーバ管理業務が発生する一方で，メンテナンスフィーをサービス提供者へ支払う必要はない。また，サービス提供者のサーバへのアクセス利用とローカルマウントの両方を可能とすることで，ローカルマウントしたコンテンツが，物理的なバックアップファイルともなる。

ローリング

電子ジャーナルのカレント契約により利用可能な範囲が，契約更新に伴い変動していくこと。例えば，利用可能範囲が「契約年を含む 5 年間」であれば，2016 年に利用可能な範囲は 2012 年～2016 年で，2017 年には 2013 年～2017 年となる。新たに 2017 年の分が利用可能になる代わりに 2012 年の分は利用できなくなる。

おわりに

　日本図書館協会 (JLA) 出版委員会の石井保志氏 (東京医科歯科大学) から「電子ジャーナルの管理について，初心者向けの解説本を執筆してほしい」という依頼を受けたのは，2014年の初冬のことでした。当時筆者は JUSTICE 事務局に出向しており，国立情報学研究所のいちばん片隅に席がありました。「そんなの私に書けるのかいな」とぼんやり思いながらも，JUSTICE 事務局やその周辺の協力者がバックアップしてくれるだろうという見通しのもと，うっかり引き受けてしまったのが運の尽き。手がつかないまま出向期間が終了し，所属元の慶應義塾大学メディアセンターに戻っても，なんだかんだと理由をつけて目次案すらだせませんでした。依頼から1年以上たってなんとか目次案をだしてみるも，今度は本文執筆がなかなか進まず，石井氏をはじめ協力者の皆様を相当やきもきさせてしまったことと思います。この場を借りてお詫びいたします。

　この本の内容は，2017年現在の「日本の大学図書館における電子ジャーナル管理業界」という非常にニッチな界隈のスナップショットにすぎません。来年以降もどんどん状況が変わっていくでしょう。でも，変わっている最中の事象を文字に起こすのは非常に困難です。かろうじてとはいえ，こうした本ができたということは，大学図書館におけるいわゆる購読型の電子ジャーナル管理業務が，ある程度「枯れてきた」「定着してきた」

ことの証拠なのかもしれません。

　筆者がこの本を書く上で大切にしたのは，「EJ 契約って"だいたい"こんな感じですよ，記録は残しましょう，誰かと協力したほうがいいですよ，あれこれ大変だけどおもしろいこともありますよ」をなるべく平易な表現で伝える，ということでした。技術的な説明を省いた部分もあります。それでもあまりに複雑なところ，言い回しがおかしなところ，どうしても目配りが行き届かなかったところ，認識に誤りがあるところなどは，多々みつかるはずです。そんな際には片目をつぶってニヤニヤしてもらえれば幸いです。

　全体構成の相談からコラム執筆協力，内容の矛盾点指摘など，なにからなにまでお世話になった 2015-2016 年度 JUSTICE 事務局メンバー（小陳左和子氏，矢野恵子氏，塩出郁氏），お茶の水女子大学の平田義郎氏，横浜市立大学の石井直美氏，節目節目で叱咤激励してくださった JLA 出版委員の石井保志氏には，感謝の言葉もみつかりません。また，ちょっと本文が進むたびにムリヤリ試読させられた慶應はじめ各種ステークホルダーの皆々様と，参考図書を貸してくださった国際教養大学の加藤信哉氏，出版までの事務作業を一手にお引き受けいただいた JLA 事務局の内池有里氏に，心からお礼を申し上げます。そして最後に，忙しい時期に原稿を読んでくれた友人で校正者の松井貴子，平和な週末の昼下がりに（別の）原稿を書きながら机を並べてくれた夫の保坂修司へ。「ほんとにどうもありがとう！」

改訂版追記

　2022 年春に JLA 事務局から改訂版の打診をいただき，初版出版時に「絶対改訂しない！」と宣言していたわりには，あっさり説得されて改訂作業に勤しむことになってしまいました。電子ジャーナルのオープンアクセス化が進んでいるといっても，「購読」モデルの契約がなくなるわけではありません。購読契約を維持しながら，転換契約も見据えるという複雑な状況になっているのが 2023 年現在です。そのため，購読モデルの実務的な扱いを基本とする本書のスタンスは変更せず，変動していく状況を簡単に書き加えるにとどめました。結果としてオープンサイエンスの片鱗が見え隠れはしています。

　"コロナ禍" や自然災害，不穏な世界情勢などに起因する 2022 年の超円安基調に心を痛めた関係者は多かったことでしょう。改訂の作業期間中にも新しいニュースやできごとが飛び込んできています。生成 AI の驚異的な発展や，日本での公的資金助成論文即時 OA 化に関する議論開始など，こうした流れが今後の学術情報流通に影響を与えていくことは必至で，目を離すことができません。

　初版時と同様に協力していただいた慶應義塾大学メディアセンターの仲間たち，関連情報や参考文献情報を提供し続けてくださる加藤信哉氏，用語集の掲載継続を許可いただいた JUSTICE 事務局の皆様にあらためて御礼申し上げます。友人の松井貴子と夫の保坂修司にも，再びどうもありがとう！

　　　　　　　　　　　　　　　　　　　　　　　　保坂　睦

事項索引

●著者紹介

保坂　睦（ほさか　むつみ）

慶應義塾大学文学部史学科（東洋史専攻）／図書館情報学科卒。慶應義塾大学三田メディアセンター，同湘南藤沢メディアセンター，同メディアセンター本部，国立情報学研究所（JUSTICE 事務局）勤務などを経て，現在，慶應義塾大学湘南藤沢メディアセンター事務長。

共著『資料検索入門』（慶應義塾大学出版会，2014）

◆JLA 図書館実践シリーズ　35
はじめての電子ジャーナル管理　改訂版

2017 年 7 月 5 日　　　初版第 1 刷発行©
2023 年 6 月 10 日　　　改訂版第 1 刷発行

定価：本体 1800 円（税別）

著　者：保坂　睦
発行者：公益社団法人　日本図書館協会
　　　　　〒104-0033　東京都中央区新川1-11-14
　　　　　Tel 03-3523-0811㈹　Fax 03-3523-0841
デザイン：笠井亞子
印刷所：㈱丸井工文社
Printed in Japan
JLA202301　　ISBN978-4-8204-2300-3
本文の用紙は中性紙を使用しています。

JLA 図書館実践シリーズ　刊行にあたって

　日本図書館協会出版委員会が「図書館員選書」を企画して 20 年あまりが経過した。図書館学研究の入門と図書館現場での実践の手引きとして，図書館関係者の座右の書を目指して刊行されてきた。

　しかし，新世紀を迎え数年を経た現在，本格的な情報化社会の到来をはじめとして，大きく社会が変化するとともに，図書館に求められるサービスも新たな展開を必要としている。市民の求める新たな要求に対応していくために，従来の枠に納まらない新たな理論構築と，先進的な図書館の実践成果を踏まえた，利用者と図書館員のための出版物が待たれている。

　そこで，新シリーズとして，「JLA 図書館実践シリーズ」をスタートさせることとなった。図書館の発展と変化する時代に即応しつつ，図書館をより一層市民のものとしていくためのシリーズ企画であり，図書館にかかわり意欲的に研究，実践を積み重ねている人々の力が出版事業に生かされることを望みたい。

　また，新世紀の図書館学への導入の書として，一般利用者の図書館利用に資する書として，図書館員の仕事の創意や疑問に答えうる書として，図書館にかかわる内外の人々に支持されていくことを切望するものである。

2004 年 7 月 20 日

日本図書館協会出版委員会

委員長　松島　茂

図書館員と図書館を知りたい人たちのための新シリーズ！

JLA 図書館実践シリーズ　既刊40冊，好評発売中

（価格は本体価格）

Japan Library Association

図書館員と図書館を知りたい人たちのための新シリーズ！
JLA 図書館実践シリーズ　既刊40冊, 好評発売中

Japan Library Association